한국인의
일생의례와 의례음식

한국인의
일생의례와 의례음식

윤숙자 외
의례음식 숙수 12인 지음

Hollym

서문

모든 사람은 일생에 한 번 태어나서 죽음에 이르기까지 반드시 통과하여야 하는 일생의례 과정을 거치게 됩니다. 한국의 일생의례란 인간이 태어나서 수명을 다할 때까지 거쳐야 하는 성장 단계, 즉 출생, 백일, 돌, 관례 및 계례, 혼례, 수연례, 회혼례, 상례, 제례 등으로 일생을 통하여 그때그때 적절한 시기에 당사자를 위한 의례를 행하는 것으로 통과의례, 평생의례라고도 합니다.

우리 조상들은 삶의 중요한 변화가 있는 순간에 그 변화를 잘 받아들이고 잘 적응해 살기를 바라는 마음으로 격식을 갖추어 의식을 치렀습니다. 인생의 고비를 순조롭게 넘기기를 소망하며 정성껏 음식을 만들어 예를 다하였습니다. 그래야 그 다음의 삶을 무탈하게 살 수 있다고 여겼던 것입니다.

우리나라의 일생의례에는 각기 규범화된 의식이 있고 그 의미를 상징하는 특별한 음식과 고유한 예법이 예로부터 전해지고 있습니다.

의례 상차림에는 간절한 소망과 복을 비는 마음, 또 희로애락을 함께 공유하는 상징적인 의미가 담겨 있습니다. 한 사람의 일생을 통해 보는 정성과 상차림은 삶의 굽이굽이를 무사히 넘기고자 했던 우리 선조들의 지혜로운 이야기입니다.

현대에는 전통적인 의례와는 다르게 의례의 종류나 규범절차가 변화하고 있습니다. 전통적인 농경사회에서는 대를 이을 아들을 얻기 위한 혼례, 출산의례와 부모의 수연례, 제례 등의 효에 관한 행사가 중요했다면, 오늘날의 사회에서는 혼례와 혼례기념일, 자녀 성장에 관한 행사가 많이 부각되고 있습니다. 이 시점에서 우리 삶의 뿌리가 되는 전통문화에 대한 이해는 꼭 필요하다고 생각되어 이번에 ㈜한국전통음식연구소에서 배출한 '의례음식 숙수들'과 함께 『한국인의 일생의례와 의례음식』을 발간하게 되었습니다.

이 책이 부디 한국인의 일생 여정에 각기 다른 의미와 소망을 담아 발달해 온 우리의 의례와 의례음식을 보존, 계승해 나가는 데 의미 있는 지침서가 되기를 소망합니다.

끝으로 이 책이 나오기까지 수고해 주신 한림출판사의 임상백 사장님께 감사 드리고, 앞으로 평생 동안 의례음식을 교육하고 전파할 사랑하는 제자 '의례음식 숙수들'에게도 격려를 보냅니다.

2019년 4월
대표 저자 윤숙자

목차

제1부 인생의 시작, 출산 · 성장

가. 일생의례의 의의

한국인은 태어나서 죽기까지 한평생을 살아가며 순차적으로 일생의례를 맞이한다. 태어나 성년이 되어 사회에 진출하고, 혼인을 해서 자녀를 낳아 키우고, 노후를 맞이하고, 세상을 떠나게 된다. 누구든지 이런 과정을 거칠 때마다 거기에 맞는 의례를 행하는데, 서양에서는 이를 '통과의례(通過儀禮, Rites of Passage)'라 하고, 한자문화권인 동양에서는 '관혼상제(冠婚喪祭)'라고 한다.

출생에서 사망에 이르기까지 일생에서 모든 사람이 반드시 통과해야 하는 일생의례는 모든 문화, 모든 사회에 빠짐없이 존재하는 인류의 보편적인 의례라 할 수 있다. 사람의 일생은 태어나서 죽음에 이르기까지 생존하고 있는 동안을 말하지만, 보다 확대하여 자식 낳기를 기원하는 풍속인 기자습속(祈子習俗)으로부터 사후 제사를 지내는 것까지 포함해서 인간의 일생이라고 할 수 있다.

서양에서는 일생의례를 통과의례라는 용어로 널리 사용하기 시작했는데, 이는 프

랑스에서 주로 활약한 독일의 민속학자인 아놀드 반 겐넵(Arnold van Gennep)이 『Les Ritesde Passage』(1909)란 저서를 내놓은 뒤부터이다. 인류학자들이 말하는 통과의례의 특징은, 첫째, 종래의 상태로부터의 '이탈', 둘째, 사회적으로는 어떤 지위도 인정되지 않는 그대로의 '중간상태', 즉 그전 집단에서 새로운 집단으로 '이행'하는 과정이라 어느 집단에도 속하지 않은 '과도기'를 위한 절차, 그리고 셋째, 새로운 사회적 지위나 집단에 '통합'하기 위한 절차 등, 이상 세 종류의 의례가 단계적으로 이루어지는 것이라고 하였다. 이는 시대에 따라서 정치, 경제, 종교, 가족제도 등 사회문화가 변동하면 그 영향으로 변동을 거듭하게 되는 것이다.

우리나라의 일생의례로는 흔히 말하는 '관혼상제'를 들 수 있다. 그러나 서양에서 말하는 통과의례는 살아있는 사람, 또 그 통과의례를 하는 주체가 가족이나 친족이 아닌 바로 그 당사자라는 점에서 볼 때 자식 낳기를 기원하는 기자습속이나 돌아가신 분을 위해서 지내는 제례는 이 범주에 속하지 않는다.

나. 관혼상제의 의의

관혼상제(冠婚喪祭)란 관례·혼례·상례·제례의 네 가지를 말하는데 사례(四禮)라고도 하며, 가족 내에서 행하는 의례이기 때문에 가례(家禮)라고도 한다. 가례에서는 출산의례를 제외시키고 관혼상제의 사례만을 체계화하여 사회질서를 유지시켜 갔지만, 우리나라 전통생활의 맥락에서 인간의 일생을 살피려면, 출산의례를 포함시켜 관혼상제를 논하지 않을 수 없다.

조선조의 사상적 근간이 된 주자학은 특히 예치(禮治)를 중요시 하였으며, 예법의 방법이 관혼상제의 사례를 잘 시행하는 것이었다. 이러한 사례의 표준이 되는 것이 『주자가례(朱子家禮)』였으며, 서민에게까지 널리 알려진 예서(禮書)는 『주자가례』를 우리나라 실정에 맞게 해석한 『사례편람(四禮便覽)』이다.

유교는 통과의례를 실천윤리로 승화시켰다. 즉, 인간이 일생 동안 통과하는 중요한 마디마디의 의례에 윤리적인 의미를 부여하였다. 고려시대부터 채택된 유교적인 '관혼상제'를 조선조에서는 초기부터 국가 권력이 그 시행을 강력하게 추진하였다.

즉, 조선왕조는 관혼상제를 실천윤리 및 교화의 수단으로 수용하였으며, 특히 가족을 교화의 장으로 생각하였다.

실제로 관례·혼례를 상례·제례와 함께 가정의례로 본격적으로 다루기 시작한 것은 16세기 말경부터 17세기 초에 걸쳐서이다. 이후 지식층으로부터 아래로 점차 확산되어 17, 18세기를 거치는 동안 일반인들 사이에 널리 받아들여지게 되었다. 이들 의례에는 각기 규범화된 의식(儀式)이 있고, 그 의식에는 음식이 따르기 마련인데, 각 의례음식에는 대개 의례의 의미를 상징하는 특별한 특징이 있다.

다. 일생의례의 역사

1) 고대

고대의 일생의례에 대한 기록은 중국의 사료에 나타난 것과 『삼국유사』, 『삼국사기』 등에서나 찾아볼 수 있을 정도로 매우 적다. 따라서 상고시대의 중요한 일생의례는 출생·혼인·사망에 따른 의례에서만 그 내용을 파악할 수 있다.

단군 신화와 주몽, 박혁거세, 김알지, 수로왕 신화 등에서 알 수 있는 것처럼 건국 시조 신화가 우리나라 일생의례의 원형이다. 이들은 모두 제왕들의 출생을 중심으로 일생의례의 의미를 담고 있다. 『삼국유사』의 「가락국기」에는 수로왕이 알에서 태어나 왕위에 오르고 부인을 맞이하여 혼인하고 또 죽음을 맞이하며 사후에 제사를 모시는 과정이 잘 묘사되어 있어 일생의례의 전형적인 모습을 보여 준다.

2) 삼국시대

고구려에서는 남녀 간에 혼담이 성립되면 여자 집에 사위가 거처할 사위집인 서옥(壻屋)을 지어 함께 살다가 자식을 낳아 장성하게 되면 남자 집으로 거처를 옮겼다. 『수서(隨書)』「동이열전」 고구려 편에는 "시집가고 장가들 때에, 남녀가 서로 좋아하면 그것으로써 혼인을 성사시킨다(有婚嫁者, 取男女相悅, 然卽爲之). 남자 집에서 돼지고기와 술을 보낼 뿐, 다른 재물을 들고 찾아가는 의례는 없다. 만약 재물을 받을 경우에는, 사람들이 모두 수치스러운 일로 여긴다"라고 기록되어 있다.

신라에서는 왕족의 혈통을 지키기 위해 대개 혈족혼인(血族婚姻)을 하였다. 『삼국사기』의 「신라본기」에 기록된 신문왕 3년(683)에 왕이 부인에게 납채(納菜)한 품목을 보면 폐백이 15수레에, 쌀, 술, 기름, 간장, 된장, 포, 젓갈 등이 135수레, 벼가 150수레였다고 한다. 반면 일반 백성들은 각자 형편에 따라 혼례를 행하였다. 『수서(隨書)』 「동이열전」 신라 편을 보면 "혼인식은 단지 술과 밥만 있으면 된다. 사는 정도에 맞추어 음식을 차린다(婚嫁之禮 唯酒食而已 輕重隨貧富)"고 되어 있다.

백제에서는 혼인례를 중국의 예에 따랐으며 왕실과 귀족 사회에서는 다처혼(多妻婚)을 행하였다고 한다. 백제는 일부다처제의 성격을 가졌고, 여인들은 정절을 지켰다는 설화가 전한다. 대표적으로 도미 처의 설화가 전해지며, 이와 비슷한 이야기가 『고려사 악지(高麗史 樂志)』에도 기록되어 있다. 백제는 나라를 보존하기 위해 이웃나라인 신라, 중국, 왜국과 정략적으로 혼인을 하기도 하였다. 개루왕(蓋婁王)은 맏딸을 왜국의 웅략천황(雄略天皇)에게로 시집보냈고, 왕족이었던 사아군의 후손인 신립공주는 광인천황이 아직 왕위에 오르기 전 그에게 시집가서 나중에 황후가 되어 환무천황(桓武天皇)을 낳았다. 의자왕(義慈王)의 아들 풍장은 왜국에 인질로 가 있는 동안 다신장부의 누이와 혼인을 하는 등 백제와 일본 사이에 정략혼이 있었음을 알 수 있다.

상례와 제례의 경우 부여에서는 순장(殉葬)제도와 죽은 이를 위해 복(服)을 입는 기간, 즉 상기(喪期)를 5개월로 하는 풍습이 있었다. 변한·진한에서는 죽은 이가 하늘로 올라가도록 하기 위해 큰 새털을 사용하였다. 고구려에서는 죽은 사람을 3년 동안 집안에 염장(殮葬)하였다가 길일을 택하여 금과 은, 재화로 호화롭게 장례를 치렀다. 신라에는 장례를 호화롭게 하는 후장(厚葬)과 순장의 풍습이 있었으나 지증왕(500~513) 때 이를 금하였다. 백제에서는 523년에 죽은 무령왕이 현재의 무덤에 묻힌 때가 525년이기 때문에 삼년상을 치렀음을 알 수 있다. 또한 부모와 남편이 죽으면 3년 동안 상복을 입었다. 이러한 기록을 통해 고대부터 혼인례와 상·장례는 사회의 고유한 규범으로서의 의례가 있었음을 알 수 있다.

3) 고려시대

고려시대에는 '예의(禮儀)'가 제정되었고, 『상정고금예문(詳定古今禮文)』 50권이 편찬되었으므로 일생의례의 규범이 있었음을 짐작할 수 있다. 『고려사』 광종 16년 (965)에는 관례의 예로 "왕자에게 원복(元服)을 가하여 태자로 삼았다"라는 기록이 있다. 또 고려 말 충신이자 유학자인 포은 정몽주는 초명(初名)이 몽란(夢蘭)이고 뒤에 몽룡(夢龍)으로 개명하였는데 이는 그 모친의 태몽에 의해서이며, 몽주(夢周)는 관례 뒤 바꾼 이름이라고 한다.

혼인례는 일부다처제와 근친혼이 있어 고려 의종 1년(1147)에 5촌까지 근친 간 금혼(禁婚)을, 충렬왕 34년(1308)에는 척속(戚屬) 4촌까지의 금혼을 시행하였다. 고려 인종 때 중국 사신 서긍(徐兢)이 지은 『고려도경(高麗圖經)』의 기록을 보면 그때까지도 혼인례는 유교적인 예를 의미하는 전례에 따르지 않고 있었다. 공양왕 2년(1390)에는 조상의 기제(忌祭)를 주희(朱熹)의 『가례』에 따라서 행하도록 규정하면서 제례를 올리는 조상의 대수(代數)와 시기, 음식 종류의 수까지도 신분에 따라 차이를 두도록 규정하였다.

4) 조선시대

고려 때 제도적으로 행해졌던 유교적인 통과의례가 조선 건국 초기부터는 국가권력이 그 시행을 강력하게 추진하여 법으로까지 규제하였다. 이를테면 유교적인 의례의 실현을 권장하고 그것을 행하지 않을 경우 형벌을 가하도록 되어 있었다. 이렇게까지 조선사회에서 유교적인 의례의 실현을 권장한 것은 이러한 의례가 당시의 유교적인 사회규범을 뒷받침하여 사회질서를 유지하는 중요한 수단이 될 수 있었기 때문이었다. 국가시책으로 강력하게 추진되었음에도 불구하고 상·장례, 제례에 국한되었던 유교적 의례가 혼례에까지 일반화되기 시작한 시기는 대개 17세기 이후부터이다. 『국조오례의(國朝五禮儀)』(1474)와 『경국대전(經國大典)』(1471)이 편찬된 이후 16세기 말부터 『가례집람(家禮輯覽)』, 『사례훈몽(四禮訓蒙)』, 『가례언해(家禮諺解)』, 『가례고증(家禮考證)』, 『사례편람(四禮便覽)』, 『상례비요(喪禮備要)』 등의 책들이 편찬되었다. 이러한 관혼상제에 대한 많은 저술에 힘입어 유교적 의례가 널리 일반화되었을 것이다. 그러나 유교 의례는 중국 실정에 맞는 것으로 우리 민족의 예식과 규범에는 맞지 않는 면이 있었다. 그래서 우리 실정에 맞는 예서(禮書)로 편찬된 것이 바로 『사례편람』과 『상례비요』 등이다.

세종 17년(1435)에 옹주의 혼례를 친영의 절차에 의해 행하였으며, 중종 12년(1517)에는 왕비를 맞이함에 친히 친영의 예로 했다. 이를 계기로 왕실과 사대부가에서는 차츰 유교적인 혼인례가 이루어졌지만 일부 상류층 사회에만 국한되었다. 그 뒤 전통혼속과 친영의 예를 절충한 반친영(半親迎)의 예가 널리 일반인들에게까지 받아들여졌다. 반친영의 예는 신랑이 신부의 집으로 가서 혼례를 행하되, 신부 집에서 3일을 머문 후 신부를 데리고 신랑의 집으로 가는 것이다.

최근 정보화 사회에서는 상상을 초월하는 의례, 즉 사이버 공간에서의 혼례와 제례 등을 행하는 등 맞춤의례를 추구하는 일면도 있으나, 한 사회, 국가가 지니고 있는 문화유산은 진정 그 나라만이 가지는 고유한 자산이기에 어떤 형태로든지 시대에 맞고 만인이 공감하는 아름다운 일생의례 문화가 우리의 유산으로 길이 이어져야 한다.

제
1
부

인생의 시작, 출산·성장

01
출산의례(出産儀禮)

아기를 출산하는 것은 죽음 못지않게 힘들고 어려운 일이다. 옛날에는 산모가 산실에 들어갈 때 자기 신을 다시 한 번 쳐다보고, '죽지 않고 다시 신을 수 있을까?' 생각하였다고 한다. 이렇듯 출산 풍속은 새로운 생명이 세상에 어렵게 탄생하는 것을 계기로 하는 의례이다. 생명의 탄생은 자녀에 대한 기원과 수태 과정 그리고 출산 자체와 출산 직후의 인간생애 최초의 의례를 수반한다. 출산의례는 결혼·상례·제례 풍속과 비교했을 때 중국 의례의 영향을 거의 받지 않았으며 우리 고유의 풍속을 가장 많이 간직하고 있다.

출산의례는 출산 전 의례, 출산(해산)의례, 출산 후 의례로 나눌 수 있는데, 출산 전 의례란 아기를 낳기 직전까지의 의례로써, 여기에는 임신하지 못하는 여인이 임신을 위하여 행하는 기자의례(祈子儀禮)가 있고, 임신하고 나서 출산까지 태 안의 아기가 정상적으로 잘 자라기를 바라는 여러 가지 의식이 있다. 출산(해산)의례란 아기를 낳을 때의 의례로, 산실의 위치, 출산의 준비와 방법, 태아나 태반의 처리, 삼신에의 기원 등이 여기에 속한다. 출산 후 의례란 출산한 아기가 돌을 맞이할 때까지 그때그때 건강을 확인하고 무병장수하기를 기원하면서 치르는 의례를 말한다.

가. 출산 전(出産前)

출산 전 의례(기자의례)라면 넓은 의미로는 자식을 얻기 위한 의례라 할 수 있다. 그러나 여기에서의 자식이란 곧 아들을 의미한다. 우리나라의 전통적인 관념에서 딸은 출가외인이라 하여 일단 시집을 보내면 남이 되어버리는 것으로 생각하였다. 그렇기 때문에 기자의례를 통하여 갈구하였던 것은 아들을 얻고자 함이었다.

자식이 귀한 집에서는 절이나 기자암 등 자식 생산에 효험이 있다는 곳을 찾아 치성을 드리거나 출산의 여러 가지 비법을 수소문하기도 한다. 이러한 관념은 먼 옛날부터 우리나라에서 생성·발전된 가족제도, 즉 가부장제도가 여성으로 하여금 이러한 책임을 맡게 했던 것이다. 이것이 조선시대에 와서 형식화되어 남존여비사상(男尊女卑思想)이 더욱 구체화되면서 칠거지악(七去之惡)이란 불문율까지 생기게 되었다. 그래서 여자의 혼인은 남자 집안의 대(代)를 이어 주는 기능을 하는 것으로 여겨졌다.

여기에서 필연적으로 성행하게 된 것이 기자습속이다. 이는 아들을 낳지 못하는 여인이 영험이 많은 어떤 존재에게 기원해서 아들을 갖고자 하는 행위를 말한다. 이러한 기자의례는 크게 두 가지로 구분하여 볼 수 있다. 하나는 '치성기자(致誠祈

기자암

아산 화률리 기자장승

기자석

기자도끼

삼신상

子)'로 일정한 대상물을 정하여 치성을 다함으로써 수태를 하고 자녀를 출산하려는 행위를 말하며, 다른 하나는 '주술기자(呪術祈子)'로서 치성과는 달리 특별한 사물을 지니거나 음식을 먹어 그 주술의 힘으로 아이를 얻으려는 것이다.

나. 임신(姙娠)

임신에 성공하면 그때부터 임신부는 여러 가지 금기 사항을 지켜야 한다. 임신 3개월이 지나면 음식 금기부터 시작하는데, 음식 금기는 임신부가 먹어서는 안 되는 음식을 말한다. 예컨대 토끼고기를 먹으면 아기 눈이 토끼와 같이 빨개진다고 삼가고, 오리고기를 먹으면 아기 손이 오리발 같이 붙는다고 삼간다. 임신 5개월이 넘으면 행동 금기를 지킨다. 즉, 임신부는 불을 넘으면 안 되고, 말고삐 끈을 넘으면 안 되며, 무거운 것을 들면 안 되는 것이다. 앉을 때는 모퉁이와 가장자리에 앉지 말아야 한다. 그리고 상가(喪家)에 가지 말아야 한다. 또 집수리를 하지 않으며, 특히 부뚜막을 고치지 않는 등 전래의 금기는 태아에 대한 부정·불길을 예방하기 위한 경험적인 내용들이라 할 수 있다. 그러나 태교에서든 전래의 금기에서든 임신부가 모든 행동을 조심하고, 음식을 가려먹으며, 올바른 마음을 가짐으로써 태아의 건강과 훌륭한 장래를 보장받고자 하는 점에서는 일치한다. 따라서 임신부의 행동에는 조심해야 할 여러 가지 제약이 따른다.

1) 음식 금기

전해 내려오는 서울·경기도의 음식 금기는 다음과 같다.

- 오리고기를 먹으면 발가락이나 손가락이 붙은 아이를 낳는다.
- 토끼고기를 먹으면 언청이를 낳는다.
- 문어나 낙지를 먹으면 뼈가 없는 아이를 낳는다.
- 닭고기를 먹으면 피부가 닭처럼 되며, 연한 닭 뼈를 먹으면 언젠가 닭 뼈가 아이 몸 밖

으로 튀어나온다.

- 고기를 먹으면 아이가 고질 귀를 앓게 되는데, 이는 누에고치와 백반으로 치료한다.
- 쌍밤을 먹으면 쌍둥이를 낳는다.
- 메밀묵을 먹으면 아이가 코를 질질 흘리게 된다.
- 상추쌈을 많이 먹으면 아이가 감기에 자주 걸린다.
- 달걀을 많이 먹으면 말을 잘 못하고 더듬거린다.
- 형태가 비틀어진 음식물을 먹으면 아이가 비틀어진다.
- 제사음식은 부정 탄다고 해서 먹지 않는다.
- 용왕을 모신 집에서는 잉어를 먹지 않는다.
- 비린내가 많이 나는 생선은 삼신할머니가 싫어한다고 해서 금했다.

2) 행위 금기

임신부의 행위를 금하는 것은 임신부 자신을 위한 것이다. 임신부는 짐승이나 생선을 잡지 않도록 하여 생명을 희생함으로써 빚어지는 재앙을 미리 예방하고자 하였다.

여인이 임신을 하면 임신부뿐만 아니라 그 가족들도 지켜야 할 일들이 많다. 예를 들면, 임신부가 불을 넘지 않아야 하며, 일상생활에서 음탕한 소리는 귀에 담지 말며, 추하고 나쁜 것은 보지도 말고, 마음을 편안히 갖고, 남을 흉보지 않고, 고된 일을 삼가고, 상가나 혼사에는 참석하지도 말라는 등 여러 가지 주의해야 할 일이 있다. 임신부의 가족들도 상가에 출입하지 말아야 하며, 불난 곳에 가지 말아야 한다. 또한 묘 쓰는 곳이나 개 잡는 데 가면 부정 타게 된다.

이와 달리 타인을 위한 행위 금기도 있다. 특히 어촌에서는 출항할 선주나 선원의 집에 임신부가 가면 재수가 없다고 하여 출항을 하지 않을 정도이다. 따라서 임신부는 이런 집에 가서도 안 되지만 길에서도 이런 사람들을 피하여야 한다. 어촌이 아니더라도 마을에 해산이 있으면 동제(洞祭)를 연기하기도 한다.

3) 태몽(胎夢)

　태아를 잉태할 징조의 꿈을 태몽이라 한다. 태몽은 잉태할 태아와 특별한 관계가 있는 것으로 믿어 왔다. 이러한 태몽은 주로 태아의 어머니에게 나타나는 것이 대부분이지만, 때로는 태아의 아버지나 가까운 친척에게도 나타난다고 한다. 태몽에 관한 기록은 많은데 그에 관한 몇 개의 예를 들어보면 다음과 같다.

　『삼국유사』의 기록인데, 권2의 「가락국기(駕洛國記)」에, "그해 곰의 꿈을 얻은 몽조(夢兆)가 있더니 태자 거등공(居登公)을 낳다"고 되어 있다. 권4의 「원효불기조(元曉不羈條)」에 "처음에 그 어머니 꿈에 유성이 품속에 들어옴을 보고 이로 인하여 태기가 있더니…", 「해동명신록(海東名臣錄)」의 정몽주 편에 "어머니 이씨가 임신 중 꿈에 안고 있던 난초 화분이 땅에 떨어지므로 놀라 잠을 깨었다. 그리고 공을 낳으니…", 이이(이율곡) 편에는 "선생이 태어나던 날 밤, 어머니 신씨 꿈에 검은 용이 바다에서 치솟더니 침실로 날아 들어와서는 아이를 안아 신씨 품에 안겨 주었다" 등이 기록되어 전해진다.

　사람들은 태몽을 통하여 태어날 아기가 남아인지, 여아인지 판별하기도 하는데, 남녀 성을 구별하는 방법은 다음과 같다.

〈남아와 관련된 꿈의 현상〉
- 천체류: 해, 달, 별, 벼락
- 동물류: 호랑이, 황룡, 돼지, 구렁이, 잉어, 자라, 수탉, 큰 우렁이, 물고기
- 식물류: 붉은 고추, 호두, 밤, 대추, 인삼, 옥수수, 무, 송이버섯, 가지, 고구마
- 기타: 돌, 산, 바위, 놋 자물쇠, 금장도, 금비녀, 낫, 키 등

〈여아와 관련된 꿈의 현상〉
- 천체류: 반달
- 동물류: 흑뱀, 흑룡, 실뱀, 작은 우렁이, 달걀, 조개, 새
- 식물류: 꽃, 애호박, 푸른 참외, 오이, 사과, 밤송이, 꼭지 떨어진 과일
- 기타: 금반지

4) 태점(胎占)

태점이란 태몽에 의하지 않고 우연한 일이나 행동거지로써 아들·딸을 구별하는 것을 말하는데, 그 기준도 수에 있어서의 음양 이분법, 곧 홀수는 양수, 짝수는 음수, 또는 남성적 성질이나 여성적 성질 등을 이용하고 있다.

- 부부의 나이와 달수를 합해서 홀수면 아들이고, 짝수면 딸이다.
- 부부의 나이와 달수를 합해 둘로 나누어 홀수면 아들, 짝수면 딸이다.
- 임부가 콩을 한 줌 쥐어서 그 수가 홀수면 아들, 짝수면 딸이다.
- 태동이 심하면 아들이고, 조용하면 딸이다.
- 임부의 배가 편평하면 아들이고, 배가 약간 솟아 있으면 딸이다.
- 뒤에서 부를 때 오른쪽으로 돌아보면 아들이고, 왼쪽으로 돌아보면 딸이다.
- 신 것을 잘 먹으면 딸이고, 싫어하면 아들이다.

5) 태교(胎敎)

태교는 임신부가 태아에게 좋은 영향을 주기 위하여 말과 행동, 마음가짐 등을 조심하는 것을 일컫는 말이다. 임신을 하면, 앞으로 탄생할 아기가 훌륭한 사람이 되기를 기원하는 마음에서 태교를 했다. 태교에 관한 가장 오래된 기록으로는 중국 전한 시대 유향(劉向)의 『열녀전(烈女傳)』이 있고, 가의(賈誼)의 『신서(新書)』, 대덕찬(戴德撰)이 편찬한 『대대례기(大戴禮記)』 등이 유명하다.

우리나라에서는 조선시대에 본격적인 태교 연구서인 『태교신기(胎敎新記)』가 사주당 이씨(師主堂李氏)에 의해 저술되었다. 『태교신기』가 나오기 이전에는 당시 여성생활백과사전이라고 할 수 있는 빙허각 이씨(憑虛閣李氏)의 『규합총서』에도 상당 부분 취급되었고, 『동의보감』, 『계녀서(戒女書)』, 『성학집요(聖學輯要)』 등에서도 강조되어 있으며, 근세에 이르러서는 천도교의 경전에 내칙으로 남아있을 정도로 중요시 되었다.

서양에서는 동양에서처럼 체계적인 것은 아니지만 『구약성서』나 히포크라테스의 기록 등에 언급되어 있으며, 이것이 과학적인 연구 대상이 된 것은 19세기 이후의 일이다. 특히 서양에서는 의학적 연구를 통하여 임신 중 어머니의 심리적, 정서적 상태가 태아에게 중요한 영향을 끼친다는 사실을 과학적으로 규명하여 많은 관심을 모으기도 하였다.

태교에 관한 가장 오래된 기록인 『열녀전』에 의하면 "아이를 가졌을 때 옆으로 잠자지 말며, 한쪽에 앉지 말며, 텁텁한 음식을 입에 대지 말며, 바르게 끓인 것이 아니면 입에 대지 말며, 바르지 않은 자리에 앉지 말며, 눈으로 옳지 않은 빛을 보지 말며, 밤이면 소경에게 시를 외게 하여 듣고, 항상 바른 일을 말하라. 이렇게 하여 아이를 낳으면 얼굴과 모양이 단정하고 재주가 뛰어나다"고 하였다.

사주당 이씨(師朱堂李氏)의 『태교신기(胎敎新記)』를 보면, '아버지 태교'에 대하여도 자세히 기록한 것이 주목된다. "부친의 정결한 마음가짐은 모친의 10개월에 못지않게 중요하다"고 하였다.

이러한 내용은 물론 어느 부분에서는 비과학적이긴 하지만, 아이가 태어나기 위하여 임신부는 물론 주위 사람 또한 정성을 다해야 한다는 의미에서 태교의 중요성은 점차 강조되고 있다. 그리고 태교에 관한 과학적인 접근도 이루어지고 있다. 한국과학기술원(KAIST) 물리학과 김수용 박사는 물리학과 전통 태교의 관계를 완전히 동떨어진 세계가 아닌 하나의 우주로 설명했다. "태아의 뇌신경 형성에 태교가 큰 영향을 미친다는 것은 이미 과학적으로 입증되고 있습니다. 서양의 과학자들도 우리나라의 전통 태교가 태아의 신경고리인 '뉴런 튜브' 형성에 긍정적인 영향을 미치고 있음을 인정할 단계에 이를 정도 입니다." 그렇기 때문에 임신부가 긍정적인 생각을 갖도록 유도하는 우리나라 전통 태교야말로 태아의 뇌 기능 발달은 물론 정서적 안정에 가장 좋은 방법이라는 것이다. 이처럼 태교의 중요성은 다음 세대에까지 계속 이어질 것이다. 문헌에 기록된 우리나라의 전통적인 태교 내용을 대략적으로 살펴보면 다음과 같다.

〈삼가야 할 행동〉
• 간사하고 남을 속이는 일, 탐내거나 부당한 욕심, 화를 내거나 모진 말을 하는 것, 말할 때 손짓하기, 웃을 때 잇몸을 보이는 것, 남을 꾸짖거나 타인을 헐뜯는 일, 귓속말, 수다 등

〈근신해야 할 일〉

• 옷을 너무 덥게 입는 것, 너무 배부르게 먹는 것, 차거나 더러운 데 앉는 것, 산과 들에 가는 일, 우물·옛 무덤·옛 사당을 엿보거나 들어가는 일, 약을 함부로 먹거나 침·뜸을 함부로 맞는 일, 몸을 기울여 앉는 일, 모로 눕거나 엎드리는 일, 왼쪽에 있는 것을 오른손으로 집거나 오른쪽에 있는 것을 왼손으로 집는 일, 어깨 위로 돌아보는 일, 높은 곳에 있는 것을 내리거나 서서 땅에 있는 것을 집는 일, 추위와 한더위에 낮잠 자는 일, 해산달에 머리를 감거나 발을 씻는 일 등

〈먹어서는 안 될 음식〉

• 바르지 않은 모양의 것, 벌레 먹거나 썩어서 떨어진 것, 참외, 날 채소, 찬 음식, 냄새나 색이 나쁜 것, 설익거나 제철이 아닌 과일, 채소, 고기류, 우렁이, 가재, 나귀, 물고기, 엿기름, 마늘, 메밀, 비늘 없는 물고기, 복숭아, 순무, 마, 개고기, 양의 간, 닭고기 및 알을 찹쌀과 함께 먹는 일 등

〈가까이 두고 보아야 할 것〉

• 귀인(貴人), 모습이 온전하고 바른 사람, 백벽옥(白璧玉), 공작, 빛나고 아름다운 것, 성현이 훈계한 글, 신선, 관대(冠帶), 패옥(佩玉), 그림, 주옥 등

〈보고 들어서는 안 되는 일〉

• 광대, 난쟁이, 원숭이, 서로 희롱하며 다투는 것, 무지개, 벼락, 번개, 일월식(日月蝕), 유성, 혜성, 물이 넘치는 것, 병든 새나 짐승, 더럽고 애처로운 벌레, 굿거리, 잡노래, 술주정 소리, 욕하는 소리, 서러운 울음소리 등

이밖에도 많은 금기 사항들이 있는데, 현대를 살아가는 우리들은 전통사회에서의 인간존중이라는 문화가 규정한 태아관(胎兒觀)을 재음미할 필요가 있다.

다. 출산(出産)·해산(解産)

1) 해산 풍속

『삼국유사』를 보면, 원효대사의 어머니는 길을 가다 산기(産氣)가 있어 밤나무에 남편의 옷을 걸어놓고 그곳에서 원효를 낳았다고 한다. 후세 사람들은 원효의 어머니가 집에 돌아갈 겨를이 없어 밤나무 아래서 아기를 낳았으며, 남편의 옷을 걸어놓은 뜻은 안산하기 위한 주술(呪術)로 이해했다. 그러나 한편으로는 서서 아이를 낳아야 쉽게 낳는다는 생각으로 남편의 옷가지를 걸어 쥐고 서서 낳았다고 보기도 한다.

집안에서는 삼신승(三神繩)이라 하여 해산달이 가까워지면 삼새끼를 외로 꼬아 아내의 산실에 밧줄처럼 매어놓는다. 이는 진통할 때 임신부가 그 끈을 쥐고 일어서서 힘을 주기 위한 것이다. 전라도 소백산맥의 고지대에서는 이 삼신승의 외새끼 삼을 외양간의 황소 오줌에 적시는 풍습이 있는데, 그것은 그 삼신승 끈에 아들을 낳게 하기 위한 주력을 불어 넣는 행위라고 본다. 이같이 삼신승을 붙들고 진통한다는 것은 바로 야외에서 나무를 붙들고 진통한다는 옛 습속이 옥내로 옮겨진 것이다. 삼신승 이외에 문기둥이나 대들보에 새끼고리를 걸기도 한다.

조선시대 왕실이나 상류사회에서는 해산을 위한 말굽쇠를 은으로 만들고, 그 은으로 돌날 말굽쇠 모습의 어린이 노리개(폐물)를 만들어주는 풍습이 있었는데, 이는 복을 비는 뜻에서였다. 가난한 집에서는 문고리를 쥐고 서서 아기를 낳거나 대들보에 무명필을 풀어 삼신승으로 삼기도 했다.

삼신승의 구실로써 남편의 상투가 쓰이기도 했다. 남편은 산실의 문밖에서 문기둥에 버티고 서서 창호지를 찢고 산실 안으로 상투를 처박는다. 산부는 이 상투를 쥐고 서서 힘을 쓴다. 혹 상투가 짧거나 늙어서 약해졌을 때는 '상투빌이'라 하여 가발로 된 상투를 빌려다가 산모로 하여금 붙들게 한다.

그리고 산모와 아기는 적어도 이틀 동안은 거의 움직이지 않고 안정을 취했다가 산후 3일째부터 서서히 산후 처리를 하게 된다. 3일 이전에는 아기에게 밥물, 꿀물 등을 조금씩 떠먹이다가 3일째 비로소 아기에게 젖을 빨리고 산실을 정리한다. 3일째 아침, 산모는 미지근한 쑥물로 몸을 씻고 아기도 목욕을 시키는데, 발육이 고르다 하여 첫날은 위에서 아래로, 다음 날은 아래로부터 위로 씻겼다고 한다.

2) 출산 시의 금기

- 부정한 사람은 친척이라도 출입을 금한다.
- 상갓집에 가지 않는다.
- 비린내 나는 음식, 상갓집 음식, 자극성 있는 음식, 단단한 음식, 무른 음식을 가린다.
- 아궁이 수리를 하지 않는다.
- 못을 박지 않는다.
- 볶음질을 하지 않는다.
- 빨래를 하지 않으며 빨래를 하는 경우에는 소리가 들리지 않도록 한다. 특히 빨래를 삶지 않는다. 만약 빨래를 삶았을 경우 아기 얼굴에 비누 거품처럼 물집이 생긴다고 한다.
- 살생을 하지 않는다.
- 악취나 기름 냄새를 피우지 않는다.
- 울음소리가 나지 않아야 한다.
- 아기와 입을 맞추지 않아야 한다.
- 돼지 우는 소리가 들리지 않아야 한다.
- 집안사람이 궂은일을 하지 않아야 한다.
- 동냥도 주지 말고 남의 음식을 얻어먹지도 말아야 한다.

3) 안산(安産)의 기원

아기를 낳을 때 순산하면 다행이지만 아기가 거꾸로 나오거나, 태반을 쓰고 나오는 경우, 쌍둥이인 경우, 사산(死産)인 경우를 난산이라 하는데, 난산의 경우에 산모에게 어떤 물건을 붙여주거나, 무엇을 먹이거나, 산모의 자리를 옮기거나 아니면 가족들이 특이한 행동을 하여 순산케 하고자 한다. 예를 들면, 남편의 옷을 산모에게 덮어 주거나, 남편의 이름을 쓴 종이를 산모의 발바닥에 붙여주거나, 순산·다산의 경험이 있는 부인의 허리띠나 치마를 얻어다 산모에게 덮어 주거나 배를 만지는 방법이 있다. 또 남편이 산에 있는 샘에 가서 물을 떠다가 굴뚝에 부으면 무사히 낳을 수 있다고도 하고, 그 물을 산모 입에 넣어 주거나, 메밀대나 수수를 삶아 마시게 하거나, 달걀에 참기름을 섞어 먹이는 수가 있다. 남편이 산모를 업고 집을 한 바퀴 돌거나, 산모를 꿇어앉히고 물을 뿌려 주거나, 집안 식구들이 서랍을 빼 놓거나 신발을 뒤집어 놓기도 한다.

4) 산실

산기(産氣)가 있는 것을 '아기가 삐친다', '아기 기미가 있다', '아기가 돈다', '아기가 서린다'는 말로 표현하며, 이때 방을 따뜻하게 하고 자리를 걷어낸 다음 깨끗이 추린 볏짚을 깐다. 요즘은 볏짚 대신 장판지나 비닐을 까는 경우가 많다. 가위(혹은 낫), 솜, 참기름, 걸레, 실, 기저귀, 배냇저고리 등을 준비해 놓고 지역에 따라서는 볏짚단을 방 한 귀퉁이에 세워 놓기도 한다. 이는 볏짚에 깃들인 곡령(穀靈)의 힘을 빌어 순산을 하고자 함이다. 시어머니가 없거나 미숙하면 마을에서 아이를 많이 낳았거나 많이 받아 본 할머니에게 조산을 부탁한다. 이때의 조산원을 '삼할머니'라 한다.

아이를 낳을 산월이 겨울이면 더운 방이라야 하고, 여름이면 시원한 방이라야 하는데, 대개는 안방으로 정한다. 안방에 시어머니가 거처하는 경우에는 출산을 위해서 시어머니가 임시로 집안의 다른 방으로 옮기고 며느리에게 양보해서 아이를 낳도록 한다. 사정에 따라 산실이 마땅하지 않을 때에는 친정에 가서 아이를 낳는 경우도 있다.

해산달이 가까워지면 집안의 어른이 장에 가서 질이 좋은 미역을 값을 깎지 않고 산다. 그리고 가져올 때는 꺾어 접지 않고 둥글게 말아서 가져온다. 그렇게 해야 아이의 명이 길고, 산모가 허리병을 앓지 않는다는 것이다.

5) 태

출산을 하면 먼저 태를 잘라야 하는데, 실로 양쪽을 묶어 자른다. 태의 길이는 아기 무릎에 닿을 정도이거나 아기의 배꼽에서부터 한 뼘 정도로 한다. 태아의 배꼽은 길게 끈처럼 태반과 연결되어있다. 이 배꼽줄을 삼줄이라고 하는데 자르는 것을 '삼 가르기' 또는 '태 가르기'라고 한다. 삼은 금속성을 사용하지 않고 대칼로 자르거나 이로 자르는데, 삼을 가르는 일은 산모나 할머니, 또는 산파가 맡는다. 태를 너무 짧게 자르면 아기가 오줌을 자주 누는 '조루'가 된다고 한다. 이때 자른 태는 짚이나 종이에 싸 일정한 방위를 보아 놓고, 아기는 깨끗한 천으로 닦아준다.

태는 산후 3일째 처리하는 것이 보통이지만 그 처리 방법은 곳에 따라 다른 면을 보여준다. 즉, 태를 태우거나 땅에 묻거나 물에 띄우거나 잿간에 버리거나 하여 지역에 따라 그 처리 방법이 일정하지 않다. 옛날에는 작은 단지나 버선목에 태를 넣어 방위를 물어 땅에 묻는 일이 많았다. 태 처리를 잘못하면 아이가 탈이 난다 하여 각별히 조심하였다.

라. 출산 후(出産後)

1) 태 처리

태는 함부로 처리하지 않고 후산(後産)한 태반과 함께 싸서 산모의 머리맡에 두었다가 아이 낳은 지 3일 만에 태운다. 아이 아버지가 산실에 깔았던 짚과 함께 손 없는 방향에서 태우는데, 태를 산실에서 내가는 것을 '삼 나간다'라고 표현하며, 태

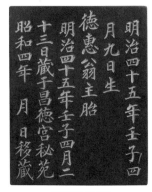
덕혜옹주 태지석

세종대왕 태지석, 태항아리

우는 것을 '삼불 논다'라고 한다. 또 삼불을 놓은 자리는 '삼불 자리'라고 한다. 삼불은 왕겨를 쏟아두고 불을 피운 후 그 위에 산실에 깔았던 짚과 태 등을 얹어놓는다. 이때 삼불은 역시 손이 없는 쪽을 향하고 서서 지피며, 삼불이 꺼질 때까지 지킨다. 태가 폐병과 문둥병에 좋다고 하여 다른 사람이 태를 훔쳐 가는 일이 있기 때문이다. 남은 재는 거두어 땅에 묻거나 물에 띄우는데, 손이 없는 방향으로 가려서 띄운다. 타고 남은 재는 잘 보관해 두었다가 아기가 경기를 하면 물에 타서 먹이고, 태독이 있으면 그 부위에 발라준다.

2) 산후의 금기

산모는 조용히 몸조리를 하면서 특히 음식을 조심해야 한다. 음식 중에서도 딱딱한 음식, 무, 호박 등을 먹으면 치아가 상하고, 냉수를 마시면 산모에게 부종이 생기며, 떡을 먹으면 소화가 안 되고, 매운 음식을 먹으면 위가 상하고, 생선을 먹으면 회복이 늦으며, 닭고기를 먹으면 젖이 나빠진다 하여 이런 음식들을 먹지 않았다. 아기 젖이 부족하면 콩을 갈아 대나무에 훑으면서 젖이 많이 나오라고 기원한다. 또한 딸일 경우 아들 있는 집 젖을 얻어 먹이고, 아들일 경우 딸 있는 집 젖을 얻어 먹인다. 젖이 많으면 짜서 굴뚝에 버린다. 산실에서 나온 모든 오물은 왕겨 불을 피워 놓고 거기에 넣어 태운다. 이 불을 '삼불'이라고도 한다.

이처럼 산실의 신성을 유지하고, 어린 생명을 보호하며 아이의 장래에 아무 지장이 없도록 하기 위해 여러 가지 금기가 행해졌다. 이러한 금기는 주로 산모에 부과된 것이지만 가족이나 주변에 있는 사람들도 협력을 해야 한다. 남편이라고 하더라도 부정 타는 일이 있으면 산실에 드나들지 않고 금기를 지키게 된다.

3) 배냇저고리

신생아에게 입히는 옷은 '삼저고리' 또는 '쌀깃', '강보'라고 하는데 흰 목면으로 겹으로 지어 실로 고름을 달았다. 실은 장수를 기원하는 의미가 담겨 있다. 이 쌀깃은 아기가 태어나서 처음 몸에 닿는 물건이 되는데 초삼일이 되기까지 아기를 싸주는 부드러운 천을 말한다.

첫이레에 아기는 쌀깃에서 벗어나 처음으로 옷을 입는다. 이 옷을 '배냇저고리' 혹은 '이레 안 저고리'라고 하는데 바지는 없고 긴 저고리만 있다.

배냇저고리는 아이를 낳기 전에 산모가 미리 만들어 두었다가 입히거나 아니면 할머니 또는 복 많은 노파에게 부탁해서 만들기도 하는데, 어린아이는 피부가 약하기 때문에 흰색의 융이나 거즈 천으로 만드는 일이 많다. 배냇저고리는 재봉틀로 만들지 않고 반드시 손바느질로만 만든다. 단추를 달지 않고 일곱 겹의 흰 실을 길게 끈으로 만들어 가슴을 둘러매도록 하는데 수명이 길기를 바라는 생각에서이다.

이 배냇저고리는 성장 후에 부적과 같은 역할을 한다고 하여 잘 보관해 두었다가 과거 보러 가는 사람의 주머니에 배냇저고리의 옷섶을 조금 떼어서 넣어 준다. 그러면 과거에 붙는다고 하였다. 지금도 대학입학시험이나 취직시험, 사법고시, 행정고시 등 각종 시험을 보러 가는 자식들에게 배냇저고리 습속을 행하는 이들이 많다.

4) 삼신상·삼신할머니

옛날부터 우리나라에서는 아기 낳는 일을 통괄하여 맡고 있다는 신을 삼신(三神)이라고 불러 왔다. 일반적으로 삼신할머니라고 하는데 '삼신상제(三神上帝), 삼신제왕(三神帝王)'이라고 부르기도 한다. 삼신이란 환인(천신), 환웅(천왕), 단군(천군-제사

삼신상－출산 전

삼신상－출산 후

장)을 지칭한다.

삼신상은 아기를 점지해주는 세 신령을 모
신 상으로 포태신(胞胎神)을 가리키나 일반적
으로 유아나 산모의 제액과 제화를 도모하면
서 초복(招福)·장수(長壽)를 기원하는 의미에
서 차렸다. 삼신을 모시는 장소는 안방, 마
루, 부엌이나 고요한 곳 등에 모시나 주로
안방 윗목 구석에 모셔 둔다. 삼신상에는 미
역, 쌀, 정화수를 떠놓는데, 한지를 깔고 쌀,

권중선씨 가옥삼신

미역, 가위, 실, 돈을 놓는 지방도 있다. 며느리의 삼신상은 방 안쪽에 차리고, 출가
한 딸이 친정에서 해산할 때는 방 문가에 차리며, 아기가 출생하면 곧바로 따뜻한
물에 부드러운 천이나 풀솜에 물을 적셔서 온몸을 닦은 다음 감초를 달인 물이나
들기름, 미나리 즙, 삼 달인 물을 숟가락으로 세 번 떠서 아기의 입안에 흘려준다.
출산 직후에는 삼신상에 놓았던 미역과 쌀로 첫국밥을 지어 산모에게 먹인다.

삼신은 안방에 모시고 있는데 아랫목 위인 천장에 백지를 오려서 달아매거나 짚
을 한 줌 깨끗하게 다듬어서 높이 매어 놓거나, 때로는 쌀을 작은 항아리에 담아
놓은 다음 봉해 두는 수가 있는데, 이것이 신성을 표시한 삼신할머니의 표식이다.
백지·짚·쌀은 삼신을 상징한 것으로 해마다 새로 바꾸는 집도 있고, 또는 백지와
짚을 몇 해 두었다가 갈아 새로 하는 집도 있다.

5) 금줄

금줄은 '삼줄', '인줄', '금구줄'이라고도 하며 부정을 막기 위하여 길이나 문에
건너질러 매는 금(禁)하는 줄이라는 의미를 갖는다. 해산을 하면 밖에 금줄을 준
비하여 다는데 대부분은 금줄을 대문 위쪽에 달아 두지만 산실 앞이나 부엌에 치
는 경우도 있다. 아들을 낳으면 왼새끼에 빨간 고추와 숯을, 딸을 낳으면 왼새끼에
숯, 흰 종이, 솔가지를 각각 끼워 매단다. 더욱 가리고자 할 때는 대문 양쪽에 황토
를 뿌려 놓기도 한다. 이런 것들은 모두 하나하나에 의미와 기능을 가지고 있다. 빨

대문 금줄 남아

대문 금줄 여아

간 고추는 음양설에 입각해서 보면 남자를 의미하고 또 악귀를 몰아내는 기능을 가졌으며, 숯은 검정으로 여자를 의미하며 생솔은 청색을 상징하며 역시 악귀를 쫓는 기능을 가지고 있다.

금줄의 재료는 볏짚이며, 새로운 짚으로 만들되 왼새끼로 꼬아야 한다. 보통 새끼를 꼴 때는 오른쪽으로 꼬는데 금줄을 왼쪽으로 꼬는 이유는 오른손이 속(俗)을, 왼손이 성(聖)을 뜻하기 때문이다.

6) 작명(作名)

출산의례 중에는 작명이 있다. 미리 지어놓는 경우도 있으나 그것은 좋지 않다고 해서 삼칠일 후나 백일에 지어주는 예가 많다. 대개는 가문마다 오행에 따른 항렬이 있어서 이에 따라 지었으나 현대에는 그렇지만은 않다. 특히 고운 우리말 이름을 짓는 일이 많아지고 있다. 예를 들면, 샛별, 나리, 아름 등이 있다. 예전에는 본명을 두고서도 아이가 무병장수하기를 염원하는 뜻에서 돼지, 개똥이, 쇠똥이, 돌이, 바위, 딸막이 강아지, 실겅이, 오쟁이, 짱구, 문깐이, 뒷깐이 등과 같은 천한 이름을 지어 불렀다. '딸막아', '딸 고만이'라고 부른 것은 다음부터 딸은 마감하고 아들을 낳아 달라는 뜻이며, '바위'란 변함없이 무궁한 생명력을 지니고 있기 때문에 바위처럼 오래오래 장수해 달라는 소원의 표시이다.

7) 모유

산모의 젖은 3일 정도가 지나야 돌기 때문에 그때가 되어서야 젖을 아이에게 물릴 수 있다. 아이가 젖을 빠는 흡입력에 의해 젖이 돌아 나온다. 처음으로 젖을 먹이는 시간은 아이가 태어난 시간에 따라 계산하는데, 그 내용은 다음과 같다.

만약 아이를 아침에 낳았다면 '긴 삼'이라 하여 낳은 후 그 이튿날 저녁에 젖을 물린다. 반대로 저녁에 낳았다면 '짧은 삼'이라 하여, 그로부터 이틀이 지난 날 아침에 젖을 먹인다. 예전에는 젖을 먹일 때 아이를 뉘어 놓은 채 먹였는데, 안아서 젖을 먹이는 습관을 들이면 자꾸 안아 달라고 하여 일하기가 힘들어진다고 하였기 때문이다. 현대에는 아이와 어머니의 정서를 위하여 안고 젖을 먹인다.

한편 출산 후 2~3일이 지났는데도 젖이 나오지 않으면 아이에게 '암죽'을 쑤어 먹인다. 암죽은 흰무리 떡(백설기)을 말려서 가루를 내어 이것을 다시 물에 넣고 끓인 다음 설탕을 탄 것이다.

아이를 보육하는 데 있어서 젖이 많고 부족함은 매우 중요한 문제이다. 산모가 건강하고 젖이 풍부하면 걱정이 없으나, 젖이 부족하면 아이의 발육에도 많은 지장이 있으므로 젖이 풍부하기를 소원하게 된다.

8) 시영어매 삼아 주기

아이의 운을 보아 명이 짧거나 사납다고 하면 마을에 있는 여자 중 아이 어머니와 사주가 맞는 사람을 골라서 아이의 새어머니를 삼는다. 이때 '원진살(부부 사이에 까닭 없이 서로 미워하는 한때의 액운)' 등의 살이 낀 사람은 피한다. 이렇게 새어머니를 삼는 것을 "시영어매 삼아 둔다"라고 한다. 시영어매를 삼을 때는 마을 사람 중에서 삼기도 하지만, 대체로 무당으로 삼는다.

9) 목욕·손톱·머리

아기를 목욕시킬 때에는 하루는 위에서부터 아래로 씻어 내려가고, 다음 날은 아래에서부터 위로 씻어 올라온다. 이렇게 하는 것은 아기의 살이 고루 붙으라는 뜻에서라고 한다. 또 손부터 씻기면 재주가 있다고 하여 손부터 씻기기도 한다.

삼일 된 날부터, 백일 전까지는 날마다 목욕시킨다. 목욕을 시키는 이유는 잘 자라라든가, 종기가 나지 않는다든가, 기름기를 씻기기 위한 것이라고 한다.

갓난아이의 손톱은 함부로 자르지 않는다. 칼을 쓰지 않았고, 이로 깨물어서 자르는 일이 많았다. 칼로 자르면 아이가 장성해서 손버릇이 나빠진다고 전한다. 손톱은 삼칠일과 백일에 자르는 것으로 되어 있다. 자른 손톱은 함부로 버리지 않고 불에 태우지도 않는다. 손톱은 부모에게서 받은 것이므로 소중히 여겨야 하며, 불태우는 것은 불효자가 된다. 손톱은 화장실에 버리거나 냇물에 흘려보내야만 좋다고 믿어 행하였다.

갓난아이의 배냇머리는 백일 또는 첫돌에 깎는다. 첫 번째 깎을 때에는 다 깎지 않고 머리털을 서너 개 남겨 두는데, 그러면 복 있고 장수한다고 믿었다. 머리를 깎을 때에는 가위로 깎고, 아궁이에 넣거나 태우는 일이 많았다.

10) 산모의 몸조리

산모는 해산 후 초이레까지 미역국과 밥만 먹어야 몸이 빨리 회복된다. 산모는 하루에 여섯 끼니를 먹었는데, '아침-새참-점심-점심새참-저녁-저녁참'의 순으로 먹는다. 이때 밥과 미역국만으로 식사를 해야지 맵거나 딱딱하거나 시거나 차가운 음식을 먹으면 이가 상한다고 하여 삼갔다. 특히 김치와 같은 맵고 자극적인 음식은 절대로 먹지 않았는데, 초이레가 지나면 상관하지 않는다.

아이를 낳으면 칠칠일(49일) 동안 훗배를 앓는다. 그럴 경우에는 막걸리를 끓여서 먹거나 좌욕을 한다. 좌욕은 약쑥이나 뱀딸기를 삶아서 그 뜨거운 물을 요강에 담고 그 위에 앉아 김을 쐬는 것을 말한다. 좌욕을 하면 냉이 줄고 가려움도 없어졌기에 산모들이 즐겼다고 한다.

11) 삼칠일

삼칠일이란 아기가 출생(出生)한 지 7일이 되면 초이레, 14일이 되면 두이레, 21일

이 되면 세이레라 하여 행사하는
습속(習俗)을 말한다.

우리나라 사람들이 '7'이라는 숫
자를 선호하는 것은, 7의 수가 길
(吉)한 수라는 속신(俗信)으로, 불교
수용 이전에 있었던 '칠성신앙'에
서 유래된 것이다.

『순조실록』 권29 순조 7월조에
"원손이 탄생하여 그 3일째에 종묘

초이레상

에 고하였다. 그리고 제7일째에 예조의 계에 따라 축하잔치를 열었다"는 왕실 기록
이 있다.

삼칠일까지의 행사는 주로 집안일로 끝나는 것이 상례이다. 집안의 할머니나 산
후 뒷바라지한 할머니가 찾아오는 정도이다. 이 기간에 금기하는 음식은 닭고기·
개고기·돼지고기 등이고, 상갓집 음식은 부정을 탄 음식으로 보고 먹지 않는다. 이
기간에는 가족은 물론 이웃 주민도 출입을 삼가고, 특히 부정한 곳에 다녀온 사람
은 출입을 절대 금한다.

최근에는 사회 변화에 따라 산후조리원에서 몸조리를 하는 산모가 많아졌다. 산
후조리원은 병원에서 아기를 낳고 퇴원하여 가정에서 하던 몸조리를 대행하는 시
설이다. 주택 구조의 사정과 가족이나 친족 중에 산후 산모를 돌보아줄 인력이 없
어 이러한 시설을 이용하게 된 것이다.

산후조리원 1

산후조리원 2

02
백일(百日)

가. 백일의 의의

　백일이라 함은 출생 후 100일이 되는 날로 이날 아기를 위하여 베풀어주는 잔치를 백일잔치라 한다. '백(百)'이라는 숫자에는 완전·성숙 등의 뜻을 내포하고 있으므로, 아기가 이 백일이란 단계를 무사히 넘기게 되었음을 축하하는 것이다. 이러한 습속은 동북아시아 일대에서 대체적으로 지켜 내려온 풍속으로, 중국의 '백록일(百祿日)'이라든지 만주 지방의 '백수일(百晬日)', 일본의 '모모카[百日]'라고 불리는 습속이 이에 해당한다. 출산에서 삼칠일까지의 모든 행사는 아기보다 산모의 건강 회복을 위주로 한 것이라면, 백일은 순전히 갓난아기만을 중심으로 한 아기 본위(本位)의 첫 경축행사라고 할 수 있다.

　우리나라처럼 사계절의 기온 변화가 현저한 지역에서 더욱이 의학 지식이 부족했던 과거에는 아기에게 병이 나고 또 사망하는 일이 환절기(換節期)에 가장 많이 나타났다고 한다. 따라서 3개월이라는 기간이 곧 100일에 가까운 날수에 해당한다고 보아 100일을 맞는다는 것은 절기(節期)에 따른 외계(外界)의 변화에도 불구하고 아무런 탈 없이 자랐고 어려운 고비를 넘겼다는 뜻이 있어서 이를 축복(祝福)하고 아울러 성장과 장수를 기원하는 행사를 해주는 것이라고 볼 수 있다.

　백일잔치는 친척과 이웃을 초대하여 대접하고 백일떡은 이웃에 돌려 함께 나누어 먹는다. 떡을 시루에서 떼어 나눌 때는 칼로 자르지 않고 반드시 주걱으로 떼어서 나누는 것이 관례이다. 산실의 것은 미역이든 떡이든 칼을 대지 않게 하는데, 자른다는 것은 불길한 뜻으로 받아들여졌기 때문이다. 백일떡은 백 사람에게 나누어 주어야 명(命)을 사서 오래 산다고 하여 많은 사람에게 나누어 주기도 한다. 그리고 백일떡을 받은 이웃이나 친척은 반드시 답례로 선물을 하는데, 쌀·실·돈 같은 것을 주로 하며, 이는 수복(壽福)을 기원하는 뜻이다. 백일에는 백 조각의 헝겊으로 만든 옷을 입혀야 아기에게 좋다는 습속(習俗)도 있다. 이것은 옷탐을 내지 말라는 뜻도 있고, 조각조각 기워서 만든 옷을 입히므로 명(命)을 이을 수 있다는 유사성(類似性)에 기인(起因)한 것이라고도 한다.

　백일의 행사는 이와 같이 아기의 무사(無事)함을 축복하고 무병장수(無病長壽)를 기원하고 복록(福錄)을 바라며 아기의 성장에 방해가 되는 재액(災厄)을 막는 행위가 주목적임을 알 수 있다.

　전해 내려오는 습속은 다음과 같다.

〈서울〉
- 새벽에 삼신께 흰밥과 미역국을 올리고 이를 산모가 먹는다.
- 수수경단(수수팥떡)을 만들어서 동서남북에 하나씩 버리면 액땜을 한다.
- 백일잔치에 백설기를 해서 친척, 이웃을 대접한다.
- 백일음식을 받은 집에서는 쌀, 실, 돈 등을 답례로 보낸다.
- 아기가 질병에 걸려 있으면 백일잔치를 해서는 안 된다. 이는 백일잔치를 하지 않아야만 아이가 장수한다는 습속에 따른 것이다.

〈경기도〉
- 백 집을 돌면서 쌀을 얻어 떡을 만들어 백 사람이 나누어 먹으면 아이가 장차 장수하며 출세한다.

- 백설기를 찌고, 미역국을 끓여 먹는다.
- 이웃이나 친척으로부터 돈, 의복 등 작은 선물을 받는다.
- 백일이 되면 배냇머리를 깎아준다.

나. 백일 상차림

백일의 음식은 주로 떡(餠)으로, 백설기·수수팥경단·오색송편 등을 만드는데, 백설기(白雪只)는 장수와 정결·신성함·흰 눈처럼 깨끗함을 나타내는 것이며, 수수팥경단은 붉은색으로 부정을 막고 악귀를 물리치는 주술적인 뜻이 들어 있다.

사가의 백일상

호원당 조자호가의 백일상

현대 백일상

백설기

백설기는 흰무리, 꿀설기, 백설고 등으로 불리는 시루떡으로 어린 아이의 삼칠일, 백일, 생일 때 많이 먹었다. 이는 백설기가 아무것도 섞지 않은 순수한 것으로 아기의 신성함과 정결함을 기원하는 것뿐만 아니라 장수하라는 뜻을 지니고 있다.

백설기

멥쌀을 충분히 불려서 소금을 넣고 가루를 빻아서 고운체에 내린다. 꿀과 끓여 식힌 설탕물을 쌀가루에 고루 뿌리면서 손으로 잘 비벼 섞은 다음, 한 번 더 고운체에 내린다. 시루에 시루 밑을 깔고 떡가루를 고루 펴서 담는다. 위를 고르게 하여 면 보자기로 덮고 불에 올려 김이 오르면 뚜껑을 덮어 약 20분 정도 찐다.

수수팥경단

수수팥경단은 수수가루와 붉은 팥고물을 사용하여 만드는 떡으로 아기로 하여금 액을 면하게 한다는 의미가 있다. 백일떡은 여러 집으로 돌려 나누어 먹었는데 백일이니 백 집과 나누어 먹어야 아기가 명(命)을 사서 무병장수하고 큰 복을 받게 된다고 생각하였다.

수수를 세 시간 이상 불려 여러 번 물을 갈아 씻어서 건져 가루로 빻는다. 붉은 팥은 물을 넉넉히 붓고 푹 무르게 삶아 소금을 넣고 찧어서 체에 내려 팥고물을 만든다. 끓는 물에 소금을 타서 수수가루를 익반죽하여 고루 치대어 동그랗게 수수경단을 빚는다. 냄비에 물을 넉넉히 담아 펄펄 끓으면 빚은 수수경단을 넣어 저으면서 삶는다. 경단이 익어서 위로 떠오르면 건져, 찬물에 헹구어 물기를 빼고 팥고물을 묻혀서 그릇에 담는다.

수수팥경단

다. 백일 옷

백일 옷은 아이가 태어나 백일이 되는 날을 기념하여 입히는 옷이다. 집안 형편에 따라 달랐겠지만 남아는 저고리와 풍차바지를 입히고, 여아는 치마저고리를 입혔다. 특히 백일에는 옷에 깃과 섶을 달거나 색깔 있는 옷을 입히기 시작한다든지 아기의 배냇머리를 깎아주기도 하며, 흰 실로 누빈 누비저고리를 입히기도 하였다.

왕가에서는 백일에 누비바지, 저고리에 동다리를 입히고 쾌자와 복건을 씌우고 행전을 치며 오목이를 신겼다고 한다.

남아 백일복 – 누비 저고리

남아 백일복 – 누비 풍차바지

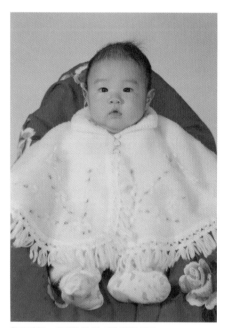

현대 백일 – 최정환 씨 댁 아들 백일 사진

03
첫돌·생일(生日)

가. 첫돌의 의의와 역사

1) 첫돌의 의의

돌이란 생후 일주년을 일컫는 말이다. 아기가 출생하여 처음 맞는 생일로 초도일 (初度日)·수일(晬日)·주일(週日)·주년(周年) 등으로 불리기도 하였다. 옛날에는 질병 이 많고 유아의 사망률도 높았기 때문에 아기가 돌을 맞는다는 것은 성장의 초기 과정에서 한 고비를 넘겼다는 의미를 지니며, 이를 축하하는 것이 관습으로 이어져 왔다. 빈부귀천이나 지역별 차이 없이 누구나 아이를 위해 돌상을 차려 준다.

2) 첫돌의 역사

아기가 첫돌을 맞으면 아기의 발육은 현저하게 달라지며, 자기 의사에 따라 행동 하게 되고 걸음마도 가능하게 된다. "돌잡이가 떡을 돌린다"라는 말은 아기가 성장이 비교적 빨라 대견함을 나타낸 말이다. 이러한 행사는 중국·일본에서도 고대부터 있어 왔으며, 『중국민속사전』에도 주수(周晬)라고 하여 돌잡이를 한다고 하였다. 우리나라에서 돌잔치를 행한 기록을 보면 다음과 같다. 『국조보감(國祖寶鑑)』 정조 15년 6월조에 궁중에서 돌잔치를 벌였다는 기록이 있는데, "임금의 어린 아들의 첫 생일이므로 성수(星宿)에 대한 초례(별자리에 제사를 올리는 일종의 도교의 신앙 행위)를 베풀었다. 임금의 어린 아들의 초도(初度)이므로 성숙초(星宿醮)를 베풀어 수(壽)를 빌었다"라고 하였다.

이수광의 『지봉유설(芝峯類說)』 인사부(人事部) 생산편(生産編)에는 중국의 『안씨가훈(顔氏家訓)』을 인용하여 한국의 돌잔치 풍습이 오래 전부터 있었다고 기록되어 있다. 『안씨가훈』의 내용을 보면, "남자를 낳아서 일 년이 되면 새로 옷을 만들어 입히고 목욕 단장시켜서 활과 화살, 종이와 붓을 벌여 놓고, 여자에게는 칼과 자와 바늘과 실 꾸러미를 벌여 놓는다. 이밖에 음식과 여러 가지 보배를 어린아이 앞에 늘어놓고 이 중에서 집는 것을 보아 그 아이의 장래를 징험한다"고 하였다.

3) 치성

돌 때에 드리는 치성행위는 출산·삼칠일·백일에 행하는 것과 마찬가지로 삼신(三神)에 대한 치성이 주(主)가 되며 혹은 만신당(萬神堂: 여자 무당이 신에게 제사지내는 곳)에 가서 돌 전날 치성을 드리기도 한다. 치성을 드리기 위해서는 삼신상(三神床)을 차리는데 삼신상은 흰밥과 미역국과 정화수로 차리고 애기시루(삼신시루: 시루떡)를 쪄서 상 옆에 놓는다. 애기시루의 떡은 밖으로 나가서는 안 된다고 하여서 가족끼리만 먹는데 떡이 밖으로 나가면 아기의 복(福)이 줄어든다는 속신(俗信)이 있다.

4) 돌복

아기가 돌이 되면 옷을 화려하게 만들어서 입히는데 이 옷을 돌복이라고 한다. 우리나라의 문헌에 나타난 것을 보면 조선 영조 12년 정월조에 "세자 첫 탄일에 금사관(金絲冠)과 청직령(淸直領: 관복의 일종)을 입혔다"는 기록이 있으며, 『정조실록(正

祖實錄)』 권32 정조 15년 6월조에 "원자(元子) 순조(純祖) 초도일(初度日)에 사유화양건 자라협삼(四遊華陽巾 紫羅恊衫)을 입혔다"는 기록이 있다. 첫돌 복식의 일습은 쓰개를 비롯하여 바지·저고리·조끼·마고자·오방장(五方將)두루마기·타래버선·기타 장신구까지를 말한다.

첫돌의례에는 '고모의 신발, 이모의 양말, 외할머니의 배두렁이, 외숙모의 마고자'라는 말이 있듯이 친인척이 아이에게 새 옷 선물을 해주었다. 남녀 모두에게 중요한 것이 돌띠와 돌주머니다. 돌띠를 길게 하여 한 바퀴 돌려 매는 것은 장수를 기원하는 것이고, 돌주머니 앞에 모란·국화를 수놓고 뒷면에는 수복을 수놓은 것도 복과 장수를 비는 것이다. 은도끼, 은나비, 은장도 등의 돌주머니 장식 역시 잡귀를 멀리하여 부정을 막고 복과 장수를 비는 것이었다. 또 타래버선 코에 남아든 여아든 색실로 술을 달고 양 볼에 칠성을 수놓아 준다. 이것 역시 칠성신앙의 잔재로 칠성이 아이들을 보호하고 점지하는 신이므로 아무 탈 없이 잘 자라라고 해준다.

아기의 옷차림새를 옛 관습에 따라 남녀별로 구별해 보면 다음과 같다.

(1) 남아의 돌복

남자아이 돌에는 색동저고리에 남색 돌띠를 둘러 입힌다. 색동저고리는 근래에 와서 남녀 구별 없이 모두에게 입히고 깃·고름·끝동에 금박을 하여 더욱 화려하게 한다. 풍차바지는 옥색·분홍색·보라색의 명주나 융으로 만들어 입힌다. 해방 전에는 색동저고리, 바지, 조끼, 그 위에 전복, 복건을 씌웠으나, 해방 후에는 색동저고리 혹은 칠색단 저고리를 입히고 풍차바지 대신 지금의 양복바지보다 넓게 하여 허리와 부리에 고무줄을 넣은 바지를 입히기도 한다.

(2) 여아의 돌복

여자아이는 색동저고리, 치마, 배자, 두루마기에 조바위를 씌우고 타래버선과 운혜(雲鞋)를 신긴다. 색동저고리는 길은 연두색으로 하고, 깃·고름·끝동은 자주색으로 한다. 배자는 녹색 혹은 자주색으로 하며, 겨울에는 안에 털을 단다. 머리에는 댕기를 드리고, 금·은박의 조바위나 자주색 굴레를 씌우고, 타래버선·운혜를 신긴다. 돌띠를 띠고 돌주머니와 노리개를 채우는데, 여자아이의 돌띠는 자주색 천으로 만들어 수명장수와 복을 기원하는 의미를 지니며, 돌주머니는 색실로 끈을 달아 앞면에 모란, 국화문을 수놓고, 뒷면에는 수·복자를 수놓으며, 물고기, 은장도, 은 자물통을 작게 하여 달아줌으로써 수명장수, 복록(福祿)을 부르고, 사귀(邪鬼), 부정을 막아줄 것으로 믿었다. 지금은 도시, 농촌을 막론하고 칠색단 저고리에 금·은박을 박은 치마를 입히고 머리엔 댕기를, 버선 대신 양말과 꽃신을 신긴다.

여자아이가 첫돌을 맞으면 처음으로 치마를 해 입히는데, 이 치마에는 주름을 잡지 않는다. 이는 돌 치마의 주름은 일생 근심이요, 시집 치마의 주름은 여생(餘生) 근심이란 터부에서 비롯된 것이다.

남아 전통 돌복

여아 전통 돌복

현대 돌복

나. 돌 상차림

1) 돌상에 오르는 음식과 물건

돌상[回床(회상)·晬盤(수반)]은 아기가 태어난 지 만 일 년이 되는 생일에 차리는 상으로, 떡과 과일이 주가 되며, 떡은 백일 때와 동일하게 백설기, 수수팥경단, 송편, 무지개떡이 오른다. 이 중에서도 백설기와 수수팥경단은 꼭 해주는 것으로 되어있다. 돌떡은 손님에게 대접하고 식구들이 먹기 위한 것만이 아니라 아기의 명과 복을 기원하는 의미를 지닌다.

떡을 만들어 아기에게 먹게 하고 이웃과 친척에게도 돌리는 것이다. 돌떡을 받은 집에서는 떡을 담아온 그릇을 씻지 않고 돌려보내는데, 빈 그릇으로 돌려보내지 않고 타래실, 장난감, 주발, 수저, 돈, 옷, 반지, 수저 등을 마련했다가 선물하는 것이 일반적인 풍습이다. 그릇을 씻지 않고 그대로 보내는 이유는 다시 좋은 일이 있어서 또 맛있는 것을 주십사 하는 인사라고 한다.

백설기는 아기의 신성함과 정결하기를 기원하는 뜻에서뿐만 아니라 장수한다는 뜻을 지니고 있으며, 수수팥경단은 덕을 쌓으라는 뜻이 있다고도 하나 이런 뜻보다는 귀신이 붉은색을 싫어한다고 하는 속신(俗信)에서 사귀(邪鬼)의 출입을 막고 귀물(鬼物)을 퇴치하여 병을 예방하고 무병(無病)하게 자라기를 바라는 마음에서 생긴 습속이다. 백설기와 수수경단은 아기가 10세가 될 때까지 생일마다 해주었는데, 아기가 잘 넘어지지 않고 건강하게 자라기를 바라는 마음이 들어 있다.

오색의 송편은 축하의 떡으로 오색(五色)은 오행(五行)·오덕(五德)·오미(五味)와 같은 관념으로 '만물의 조화'라는 뜻을 담고 있다. 소를 넣지 않은 것과 소를 넣은 것 두 종류를 만드는데, 소를 넣어 만든 것은 속이 차라는

전통 돌상

것이며, 소를 넣지 않은 것은 의견(意見)이 넓어지라는 뜻이라고 한다.

무지개떡은 아기의 무궁무진한 꿈이 무지개처럼 오색찬란하게 이루어지기를 기원하는 것이다. 그리고 과실은 사과·배·대추를 그릇에 담아 전면 양쪽에 놓는데, 대추는 자손이 번성하라는 뜻이고, 쌀은 중앙에 가득 담아놓는데 식복(食福)이 많고 부유하게 되라는 뜻이다. 실타래는 장수의 의미로 청실홍실 또는 무명실을 쌀 위에 놓고, 붓과 책은 쌀 오른쪽에 놓는데, 문필로 이름을 떨치라는 뜻이다. 활과 화살은 쌀 왼쪽에 놓고 무예가 뛰어나기를 기원하였으며, 여자는 바늘과 실, 가위, 자(尺)를 놓는데 바느질 솜씨가 뛰어나라는 뜻이다. 돈은 실타래 옆에 놓는데 부유하게 되라는 뜻이다.

왕실의 경우 미나리 한 단을 홍실로 묶어 상에 올리는데 이는 미나리처럼 사철 푸르고 수명이 길기를 염원하는 뜻이 담긴 것이다. 미나리는 물이 어리는 축축한 땅에서는 어디서나 잘 자라고 일 년 내내 자랄 수 있는 식물로 끈질긴 생명력과 번식력이 강한 식물의 대명사이다.

돌상은 아기가 모서리에 다치지 않도록 둥근상을 사용하였고 명이 길라고 무명필을 방석 삼아 앉혔다. 돌에는 아기의 외가편이나 가까운 일가친척을 청하며, 절친한 친척 외에는 야단스럽게 초대하지 않았다. 조선시대 후기에 나온 풍속화들에서도 이런 사실은 잘 알 수 있다.

돌상과 돌잡이상

무지개떡

무지개떡은 멥쌀을 곱게 빻아 소금을 넣고 체에 내려서 고운 가루를 만들고 5등분하여 준비한다. 깨끗이 다듬어 씻어 말려 가루로 만든 쑥으로 청색 물을 들이며, 오미자나 연지를 우려낸 물로 분홍색을, 노란색은 치자 우린 물, 갈색은 팥앙금이나 계피가루를 사용한다. 백색을 제외한 각각의 쌀가루에 준비한 네 가지 색을 넣고 물

무지개떡

을 들여 고루 비벼서 체에 내리는데, 이때 수분의 농도는 손으로 쥐어 뭉쳤을 때 흐트러지지 않을 정도로 한다. 시루에 시루 밑을 깔고 색을 들인 가루를 켜켜로 얹어 김 오른 찜기에 올려 20분 정도 쪄 낸다.

오색송편

오색송편은 멥쌀가루를 익반죽하고 소를 넣어 모양을 갖춘 떡이다. 멥쌀에 소금을 넣고 가루로 빻아 체에 내려서 오미자, 치자, 송기(소나무 속껍질), 쑥 등을 이용하여 각각 익반죽한다. 깨와 잣가루, 설탕을 고루 섞어 소를 만들어 놓는다. 준비한 반죽에 소를 넣어 오색의 송편을 만들고 김 오른 찜기에 올려 20분간 쪄 낸 후 찬물에 헹구어 참기름을 발라 낸다.

오색송편

송편은 색에 따라 흰송편, 쑥송편, 송기송편으로 구분하고, 소를 무엇으로 넣느냐에 따라 달리 부른다. 특히 지역에 따라서 감자녹말이나 고구마녹말, 모싯잎을 사용하여 송편을 만들기도 한다.

최정환 씨 댁 아들 돌 상차림

2) 돌잡이

돌잡이는 둥근 돌상 앞에서 주인공인 아기가 자기의 자유의사에 따라 가지고 싶은 물건을 집는 것을 보고, 그 아기의 장래를 점치는 행사인데, 시쉬(試晬)·시주(試周)·시아(試兒)라고도 하며 돌잔치에서 가장 흥미 있는 행사이다.

최남선의 『조선상식』 풍속편 의례류의 기록을 보면, "아기가 출생한 지 주년(周年)이 되면 첫 생일에 크게 연회를 베풀고 미(米)·면(麵)·병(餅)·과(果)·전(錢)·사(絲)·궁(弓)·시(矢)·서책(書冊)·지필묵(紙筆墨) 등(여아이면 도(刀)·척(尺)·침(針)·협(鋏)으로 궁(弓)·시(失) 이하를 대신하였다)을 일반(一盤)에 수북이 담아서 이것을 '돌상'이라 이르고, 영아(嬰兒)를 성장시켜 포필퇴상(布匹堆上: 무명을 필로 쌓는 것)에 앉혀 상(床)에 임하게 하여 소호(所好)를 취하게 하여 그 택한 바로서 장래를 점치되, 전(錢) 혹 곡(穀)이면 부(富), 면(麵) 혹 사(絲)면 수(壽), 서책(書冊)이면 문학으로 현달(顯達)하리라 하여 가로대 '돌잡힌다' 하며…"라는 설명이 있다.

조선민속학회에서 발행한 『조선민속(朝鮮民俗)』에서 우리나라 풍속 중 백일·돌에 대한 조사 기록에는 "돌이란 회(回) 또는 주(周)를 의미하는데 생후 첫 탄생일로서 만 1주년에 해당하는 날을 말한다. 이날은 돌잡힌다고 하여 처음 탄생일을 축하한다. 부모는 아이를 성장(盛裝)시켜 돌상 앞에 앉힌다. 아기를 좌포단(座布團: 푹신하게 만든 방석의 일종)이나 면포(綿布) 한 필을 접어놓고 앉힌다. 그리고 남아는 돌상에 쌀·활·책[千字文(천자문)]·붓[筆(필)]·먹·권지(卷紙: 두루마리)·사(絲)·사면(絲綿)·척(尺)·돈 등을 올려놓으며 준비한 돌떡을 함께 놓는다. 아이로 하여금 마음대로 잡게 하여 먼저 잡는 것과 다음번에 잡는 것을 가장 중하게 여긴다"라고 하였다. 일반적으로 남아는 활과 화살, 책과 붓, 두루마리 종이 등을 여아는 가위, 바늘, 칼, 자, 종이 등을 올려놓는다.

아기가 집은 물건에 따라 활과 화살은 무인이 되고, 국수와 실은 수명이 길며, 대추와 밤은 자손이 번성하고, 붓·벼루·먹은 글재주가 뛰어나게 된다. 또한 쌀은 재물을 모아 부자가 되며, 자와 바늘은 손재주가 좋은 사람이 되고, 떡을 집으면 음식 솜씨가 뛰어나게 된다고 하였다.

궁중에서 행한 기록을 보면, 정조 15년 6월조에 "원자(元子) 초도일(初度日)에 정조는 승지(承旨)에 명하여 각신(閣臣)을 입궐케 하고, 떡을 종척(宗戚), 대신(大臣), 제신(諸臣)들과 금직랑관(禁直郎官), 장관(將官), 위사(衛士)에게 나누어주어 그것이 하급 군졸과 지나가는 서민에게까지 미쳤으며, 또한 태학(太學) 유생(儒生)에게 병(餅)을 나누어주고 어제(御題)를 내려 제생(諸生)으로 하여금 시를 짓도록 하였다"고 한 것으로 보아 그 당시에도 궁중에서는 돌잔치가 성대히 베풀어졌음을 알 수 있다.

평생도 – 돌잔치

다. 생일의 의의와 역사

1) 생일의 의의

생일이란 태어난 날을 일컬으며 이를 기념하는 날이다. 또 민간에서는 '귀빠진 날'이라고도 한다. 아기가 출생하여 세 해가 될 때까지만 돌(첫돌, 두돌, 세돌)이라 하고 이후로는 생일이라고 한다. 생일이라는 말은 주로 손아랫사람에게 쓰고 손윗사람에게는 생신(生辰)·수신(晬辰)이라고 하며, 임금에게는 탄신(誕辰)·탄일(誕日)·화탄(華誕)이라고 하는데 이러한 구분은 조선조부터 시작되었다고 한다. 생일은 이 세상에 처음으로 존재하면서 인생의 첫 출발이 시작된 날을 기념하는 날이므로 그 의미를 되새겨 봄직하다.

생일을 기념하는 습속의 기원에 대해서 최남선의 『조선상식(朝鮮常識)』에 보면, "강남 풍속에 돌잡이의 풍속이 퍼져서 음식을 베푸는 일이 있더니, 양친이 계실 때는 물론 세상을 떠난 뒤에도 그 날짜에 잔치를 벌인다"하였다.

2) 생일의 역사

『정조실록』 권32 정조 16년 6월조의 기록에 보면 정조 모친(사도세자비)의 생신과 원자의 탄일이 같은 날이어서 더욱 성대한 잔치를 베풀었다. 이날 두 살 된 원자는 고사리 같은 손으로 상 위에 괴어 놓은 과일을 하나씩 나누어주었으며, 받은 이들은 황공하여 모두 송사(頌辭)를 아뢰었다고 한다. 또한 왕은 80~90세 노인에게 쌀과 고기를 하사하고, 죄인을 사면하고, 과거시험을 치르는 등 생일에 걸맞은 행사를 다양하게 펼쳤다. 이를 보면 왕실은 물론 사대부·민간 골고루 생일에 대한 관념이 각별했던 것으로 보인다. 보통 생일은 돌이나 회갑처럼 대규모의 잔치를 베풀지 않고 자축하는 정도로 가족끼리 조촐하게 지냈는데 평상시보다 음식을 조금 더 준비하거나 미역국(고깃국) 정도를 끓여서 먹는 게 고작이고 부유한 집에서는 떡을 만들어 먹는다. 각 지방에서 조사 보고된 것으로는 아기가 10세가 될 때까지 백설기와 수수팥떡을 해주면 좋다고 하는 습속이 있다.

라. 생일 상차림

일반적으로 반가에서는 생일 아침상은 7첩이나 9첩 반상으로 차리는 일이 많았다. 흰밥과 미역국에 김치, 찜, 전골, 찌개와 젓갈, 생채, 각색 전유어(육전·애호박전·굴전), 자반, 조림, 적, 회, 삼색나물 등을 올리고, 점심상은 면상으로 차리는데, 국수장국, 김치, 장류, 전골, 찜, 생채, 회, 각색전, 삼색 나물, 편육 등을 차려 낸다. 다과상에는 약과, 약식, 떡(송편·경단·증편), 정과, 각색 다식, 식혜 또는 수정과, 강정, 과일 등을 올린다.

생일 면상차림

흰밥과 미역국

흰밥은 좋은 멥쌀로 지은 밥으로 한국인의 일상적인 음식이다. 미역국은 불린 미역과 소고기를 넣고 청장으로 간을 하여 끓인 국으로, 미역은 노폐물을 빼주고 부기를 내린다하여 산모의 필수적인 산후조리 음식이며 생일상에 빠지지 않고 오른다.

흰밥

미역국

갈비찜

소갈비에 밤, 대추나 표고버섯 등의 채소를 넣고 갖은 양념하여 찐 음식이다. 우리나라 대표적인 음식 중 하나로 남녀노소 누구나 좋아하여 명절이나 잔칫상에 주로 오른다.

겨자채

여러 가지 채소와 배, 밤, 편육 등을 썰어 겨자즙으로 버무린 생채이다. 톡 쏘는 겨자의 매운맛과 새콤달콤한 맛이 어우러진 음식이다.

갈비찜

겨자채

생선전

담백한 흰살 생선살에 밀가루와 달걀물을 묻혀 기름에 지진 음식이다. 생선살로 만든다고 하여 전유어(煎油魚)라고도 하는데 명절이나 잔칫상에 주로 오르는 음식이다.

화양적

소고기와 도라지, 표고버섯, 당근, 오이, 달걀 등 오색 재료를 양념하여 익혀서 꼬치에 꿰어 잣즙을 뿌린 음식이다. "꽃처럼 화려하다"하여 붙여진 이름으로 주로 잔칫상에 오르며, 제사상이나 폐백에도 많이 쓰였다.

전유어

화양적

나박김치

무와 배추를 나박썰기 하여 소금에 절이고, 고춧가루로 색을 들인 양념국물을 부어 발효시킨 김치이다. 나박나박 썰어 담은 김치라 하여 붙여진 이름으로 대표적인 물김치이다.

깨엿강정

볶은 흰깨와 검은깨에 시럽을 넣고 버무려 굳혀서 썬 한과이다. 깨엿강정은 옛날에는 설에 세배하러 오는 손님들에게 나눠주던 과자로 항아리에 담아 두고 먹던 영양 간식이다.

나박김치

깨엿강정

04
책례(冊禮)

가. 책례의 의의

책례는 책거리 또는 책씻이라고도 하며, 아이가 서당에서 책 한 권을 다 읽어 떼었을 때 행하던 의례로, 스승에게 감사하고 친구들과 함께 자축하는 일을 말한다. 예전에는 초급 과정인 『천자문』, 『동몽선습』에서 시작하여 학문이 점점 깊어지고 어려운 책을 한 권씩 뗄 때마다 매번 책례를 베풀었다. 책례에는 학동의 학업 성적을 부추기는 의미도 있지만 선생님의 노고에 답례하는 뜻도 들어있다. 진정한 의미로 아이의 학문이 성장함을 부모가 축하해주고 또한 스승의 은혜에 감사하는 것이 책례의 참뜻이다.

나. 책례 상차림

축하 음식으로는 국수장국, 송편, 경단 등이 있다. 특히 송편은 깨나 팥, 콩 등으로 소를 꽉 채운 떡이므로 학문도 그렇게 꽉 차라는 뜻으로 빠트리지 않았으며, 주로 오색송편이나 꽃떡을 빚었다.

책례 상차림

국수장국

국수장국은 메밀가루, 녹말 등을 반죽하여 가늘고 길게 만들어 끓는 물에 삶아서 여러 방법으로 먹는 음식이다. 조리법에 따라 온면, 냉면, 비빔면 등이 있는데 잔칫상에는 온면이 주로 오른다. 국수의 긴 면발은 장수를 의미하므로 잔칫상에는 빠지지 않는다. 겨울에는 떡국이 상에 오르기도 한다.

각색경단

찹쌀을 불려서 익반죽하여 동그랗게 빚는다. 끓는 물에 경단을 넣고 삶는데 경단이 말갛게 익어 떠오르면 찬물에 행구어 건져 물기 빼고 각각의 고물을 고루 묻혀 그릇에 담는다.

국수장국

각색경단

오색송편

오색송편은 우주 만물을 형성하는 원기와 오행에 근거하여 오미자로 붉은색을 내고 치자로 노란색, 쑥으로 푸른색, 송기로 갈색을 물들여 빚어 만물의 조화를 나타냈다.

편떡

편떡은 시루떡이라고도 하는데 멥쌀이나 찹쌀을 물에 불려 가루로 만들어 고물을 얹어가며 켜켜로 시루에 안친 뒤 김을 올려 찐 떡이다. 주재료인 쌀가루와 다양한 재료를 섞거나 위에 얹는 고물에 따라 각종 부재료가 쓰여 정성이 많이 들어간다. 편떡의 종류는 콩 시루떡, 팥 시루떡, 호박고지 시루떡, 무시루떡, 녹두고물 편떡 등으로 다양하다.

오색송편

편떡

05
관례(冠禮)·계례(笄禮)

가. 관례(冠禮)의 의의와 역사

예부터 아이가 자라서 사회적으로 책임이 인정되는 나이에 행하는 의례로 관례와 계례가 있다. 남자에게는 상투를 틀어 갓[冠巾(관건)]을 씌워 관례라 하고, 여자에게는 쪽을 찌고 비녀[笄(계)]를 꽂아주는 의식으로 계례라 한다. 이것은 어린이가 비로소 어른이 되었다는 사실을 사회적으로 공인해주는 성년식(成年式)에 해당되며, 최근에는 성년식을 거행하고 있다.

관례는 가족의 일원으로서가 아니라 사회의 일원으로 인정받는 의식이다. 또한 불완전한 미성년에서 완전한 성인으로 변신하는 의례이므로, 전통사회에서는 머리를 땋아 늘어뜨리고 다니던 것을 머리를 틀어 올려 쪽을 찌거나 상투를 틀었다. 하지만 갑오경장(1894년) 때 단발령이 내려져 머리를 자르게 한 이후는 사라졌다.

관례에는 외형적으로 서로 다른 두 가지의 의례가 있다. 남자들을 위한 의례와 여자들이 행하는 의례가 서로 구분된다. 남녀의 성을 구분하는 문화 구조에서는 남성의 성인식은 관례(冠禮)라 하였고 여자의 성인식은 계례(笄禮)라 하여 별도로 행하여졌다.

실제로 관례는 치렁치렁하게 땋고 다니던 머리를 추커서 올리는 의례인데 이것은 곧 '머리를 얹는다'라고 표현할 수 있다. 그러나 후대에는 관례가 혼례에 포함되면서 '머리 얹는다'는 말은 곧 혼례를 뜻하는 표현으로 바뀌었다.

1) 관례의 의의

관례는 어린이가 성인이 되었음을 상징하기 위하여 남자에게는 상투를 틀어 갓[冠巾(관건)]을 씌우고 여자에게는 쪽을 찌어 비녀[筓(계)]를 꽂아주는 의식으로 현대의 성년식(initiation)에 해당한다. 『사례편람』에 의하면, 남자는 15세에서 20세 사이에 관례를 행하였다.

그러나 부모가 기년(朞年: 1년) 이상의 상중(喪中)이 아니어야 한다. 조부모나 백·숙부의 상은 기년상이기 때문에 이런 친족의 상중에는 관례를 행할 수 없었다. 또한 대공복(大功服: 9개월간 상복을 입어야 하는 경우)을 입는 상을 당해서 아직 장사를 지내지 않았으면 관례를 할 수 없다고 하였다.

택일은 좋은 날을 가려서 예를 행하되 정월에 날을 정하라고 하였다. 그때를 놓치면 4월이나 7월 초하루에 하도록 되어 있다. 그 이유는 관(冠)을 쓰는 것이 인도(人道)의 출발이기 때문이라는 것이다.

2) 관례의 역사

남자는 관례를, 여자는 계례를 행하여 아이와 어른을 구별하였던 성인식은 중국에서 시작되었다. 우리나라에 이것이 들어온 것은 삼국시대에 중국에서 예교(禮敎)가 들어오면서 전래된 것으로 보인다. 『예기』의 내칙(內則)에 보면 "칠년(七年: 7세)이면 남녀가 부동석(不同席)·불공식(不恭食)한다"고 나오는데 이 말은 남녀가 일곱 살이 되면 자리를 같이하지 않고 음식도 함께 먹지 않는다는 뜻으로, 공식적인 예절 교육이 이때부터 비롯된다는 것이다.

우리나라에서 처음 유교식 성인례인 관례를 행한 것에 대해서는 『고려사(高麗史)』(966)에 "광종이 왕자에게 원복(元服: 관례의 옷)을 입히고 태자로 삼았다"고 나와 있으며, 또 18대 의종 때에도 "왕자에게 원복의 의(儀)를 행했다"는 기록이 있다. 뿐만 아니라 조선조에 들어와서는 『주자가례』가 정착되면서 천민사회를 제외하고는 모든 사람이 관례를 행하게 되었다.

3) 관례의 절차

관례를 치를 본인을 장관자(將冠子)라 하고 그의 조부나 아버지가 주인(主人)이 되며, 아버지가 없으면 큰형이 되고, 이상의 친권자가 없으면 문중(門中)의 어른이 된다. 만일 당사자가 직계존속이 없는 종손이면 자신이 한다. 주인(主人)은 3일 전에 사당에 고하고, 빈(賓: 관례를 진행하는 사람)을 청하는 정중한 글을 보내 승낙을 받은 후 하루 전에 모셔다가 집에서 자게 한다.

관례 당일이 되면 일찍 일어나 별석(別席) 상 위에 치관(緇冠)·계(笄)·심의(深衣)·대대(大帶)·도·리(履)·모자(帽子)·조삼(皁衫)·혁대(革帶)·혜(鞋)·복두(幞頭)·난삼(襴衫)·대(帶)·화(靴)·망건(網巾) 등 필요한 복장과 포혜(脯醢)·잔반(盞盤)·주주(酒注)와 관분(盥盆)·세건(帨巾) 등을 준비해 놓는다. 옛 관례는 절차상 세 번에 걸쳐 의복과 관모를 바꿔 착용하는 의식을 행하였는바, 첫 번째는 어른의 평상복이고 두 번째는 어른의 출입복이고 세 번째는 어른의 예복이다. 이러한 것들을 모두 미리 준비해야 한다.

(1) 초가례(初加禮)

처음 행하는 예를 초가례(初加禮)라고 한다. 초가례는 빈객이 장관자에게 읍을 하면서부터 시작된다. 장관자는 쌍계(雙紒: 쌍상투)를 하고 예복인 사규삼(四揆衫)에 늑백(勒帛: 허리띠)이라는 띠를 두르고 채리(彩履: 무늬가 있는 신)를 신고 자리에 나와 꿇어앉는다. 옆에 시중을 드는 찬자(贊者: 홀기(笏記)를 맡아보는 사람)가 장관자의 머리를 빗겨 상투를 틀고 망건을 씌우면 주례가 치관(緇冠)을 들고 나와 장관자 앞에서 "길한 달 좋은 날에 비로소 원복을 입히니 너는 어린 뜻을 버리고 성인의 덕을 순하게 함으로써 오래 살며 복 받기를 빈다"라고 축사를 읽은 뒤, 치관과 계(笄)를 꽂고 건(巾)을 씌운다.

찬자가 장관자에게 띠를 둘러 주면 장관자는 방으로 들어가 사규삼(四揆彩)을 벗고 심의(深衣)를 입으며, 큰띠[大帶(대대)]를 두른 다음, 검은 신을 신고 방에서 나와 남쪽을 보고 앉는다.

장관자의 상투 트는 모습

축사 모습

(2) 재가례(再加禮)

재가례는 관례의 두 번째 절차로서 어른의 출입복을 입히고 갓을 씌운다. 장관자가 정해진 장소에 앉아 있으면 빈객(賓客)이 장관자 앞에 나아가 축사를 한다. 이어 찬자는 건을 벗기고 빈객이 초립(草笠)을 씌운다. 장관자는 방으로 들어가 심의를 벗고 조삼과 혁대를 두르고 혜(鞋)를 신고 나온다. 이때 또 축(祝)을 읽는다. 축은 "좋은 달 좋은 때에 너의 옷을 입히니 너는 위의(威儀)를 삼가고, 덕을 맑게 하여 오래오래 삶을 누리도록 하고 큰 복을 받으라"이다.

(3) 삼가례(三加禮)

삼가례는 관례의 세 번째 절차로서 어른의 예복을 입히고 복두 또는 유건(儒巾)을 씌운다. 빈이 장관자를 향하여 "이 해 정월 좋은 날에 너의 옷을 입히니 형제가 다 있는 가운데 그 덕을 이루고 머리가 하얗게 되도록 오래 살며 하늘에서

삼가례를 마치고 복두를 쓰는 모습

내린 경사를 영원토록 받으라"라는 내용의 삼가례 축사를 하고 나면 찬자가 장관자의 초립을 벗겨 준다. 그러면 빈은 장관자에게 복두를 씌워준다. 복두를 쓴 장관자는 방으로 들어가 조삼을 벗고 난삼(欄衫: 생원·진사 등에 합격한 사람이 입는 옷)을 입는다. 그 위에 혁대를 두르고 신을 신고 나온다.

(4) 초례(醮禮)

술을 마시는 의례이다. 장관자가 정해진 자리에 남향으로 앉는다. 빈이 술잔을 들고 장관자를 향하여 "맑은 술을 권하니 이를 상서롭게 하고 하늘의 아름다움을 이어 오래도록 잊지 말라"는 내용의 축사를 한다. 장관자가 두 번 절하고 술잔을 받으면 빈객이 답례를 한다. 장

초례

관자가 상 앞으로 나아가 잔을 상 위에 놓았다가, 이것을 다시 들고 물러나 맛을 본 다음 찬자에게 주고, 빈객에게 두 번 절하면 빈객이 답례한다.

(5) 자관자례(字冠者禮)

장관자에게 자(字)를 지어 주는 의례이다. 이제는 성인이 되었으므로 조상들이 내려주신 고귀한 몸과 이름을 지키도록 하는 의미에서 이름 대신 항상 부를 수 있는 자(字)를 지어 주고, 그 가르침을 내려 주는 명자례(命字禮)의 순서이다. 빈객과 장관자가 마당으로 내려가서 빈객이 장관자에게 자를 지어 주고 이어 자를 부를 때 축사를 한다. 장관자가 간단한 답사를 하고 절을 하면, 빈객은 절을 받되 답례는 하지 않는다.

(6) 현우사당(見于祠堂)

이제 관례가 끝나서 어른이 되었으므로 주인(主人)과 관자(冠者)가 조상의 사당을 뵙는다.

조상의 신위(神位)에 주·과·포로 제수를 차리고 주인이 술을 따르고 관자가 두 번 절한다.

(7) 현우존장(見于尊長)

관례를 하고 조상을 뵈었으므로 관자가 어른을 뵙는다. 당사자가 큰 손님에게 두 번 절해 뵈면 큰 손님도 한 번 답례한다. 이어서 부모와 촌장에게 뵈옵는 절을 하면 부모도 일어서서 받는다. 그런 다음 밖으로 나와 선생과 아버지의 친구들을 찾아다니며 절을 한다.

나. 관례 상차림

관례를 행하는 자리에서 관자에게 술 마시는 예의를 가르치는데 관자는 이때 처음으로 술을 마시게 된다.

관례 상차림

관례상에는 술과 안주, 즉 주(酒), 과(果), 포(脯)가 차려지는데 안주로는 주로 밤초, 대추초, 육포 등을 올린다.

전통주

전통주는 주식인 쌀로 지에밥(고두밥)을 찌고 누룩과 좋은 물을 섞어서 빚은 전통 술이다. 관례에서 쓰이는 술은 맑은술이다.

밤초

껍질 벗긴 밤을 통째로 꿀물에 조린 음식이다. 밤의 형태가 그대로 유지되도록 윤기 나게 졸여서 만든 한과라 하여 '초(炒)'라고 한다.

전통주

밤초

대추초

대추의 씨를 뺀 후 돌돌 말아서 잣을 양쪽에 끼워 꿀에 조린 한과이다. 대추는 자손번영과 백년해로를 기원하는 상징으로 주로 쓰인다.

육포

관례상에 술과 함께 올리는 말린 포이다. 지방분이 적은 소고기의 우둔살이나 홍두깨살 등을 결대로 길게 포를 떠서 간장양념을 하여 말린다. 장포(醬脯) 또는 약포(藥脯)라고도 한다.

대추초

육포

다. 계례(笄禮)

계례는 여자의 관례인데, 여자는 관건을 쓰지 않으므로 머리에 비녀를 더한다는 뜻으로 계례라 하였다.

『사례편람』에는 "여자가 혼인을 정하면 계례를 행한다"하였으며 "혼인을 정하지 않았어도 여자가 15세가 되면 계례를 행한다"고도 하였다.

계례는 또 여자들이 빈과 주인이 되어 행했다. 그 의식은 남자의 관례와 거의 같다. 그러나 남자는 성년이 되면 관례를 하였으나, 여자는 시집을 가게 되어서야 계례를 행했다. 『예기』의 「곡례(曲禮)」에는 '여자허가 계이자(女子許嫁笄而字)'라 해서 "여자가 시집가기를 허락받으면 계례를 올리고 자를 짓는다"는 말이 있다.

계례를 치를 당사자를 장계자(將笄者)라 한다. 계례에는 어머니가 중심이 되고 친척 중에서 어질고 예법을 잘 아는 부인을 주례(主禮)로 삼아 실시하는데, 계례 사흘 전에 주례를 청한다.

장계자가 종가의 딸이면 그 어머니가 주부(主婦)가 되지만, 지차집 딸인 경우에 종부(宗婦: 종갓집 큰며느리)가 주부가 된다. 가문에 따라서는 간혹 예법을 무시하고 딸을 사당에 참배시키지 않는 집이 있어, 그런 집에서는 종부와 관계없이 그 어머니가 주부가 되기도 한다. 장계자가 정혼했으면 그 시댁이 될 집안이나 다른 사돈 집안 가운데서 어질고 예의가 바른 이를 택하여 계례를 주재할 빈을 삼는다. 정혼

하지 않았을 때는 친척 집안에서 현부인을 빈으로 청한다. 이를 계빈(戒賓)이라 함은 관례에서와 같다.

당일 날이 밝으면 아침에 특별석 상위에 관(冠)·계(笄)·배자(背子) 등의 복장과 술주전자, 잔반(盞盤) 등을 준비해 놓는다. 장계자는 삼자(衫子)를 입고 방안에서 남향하고 서 있는다.

계빈이 오면 장계자의 어머니가 맞아서 대청으로 올라가 비녀를 꽂아주면 방으로 가서 배자를 입는다. 이어 제사를 지내고 자를 지어 부르고 나서, 장계자의 어머니가 장계자를 데리고 사당에 가 뵙고 비로소 손님들을 대접한다.

1) 계례의 절차

계례는 관례와 함께 전통의 성년식으로, 여자에게 머리를 올려 쪽을 찌고 비녀를 꽂아 주는 의식이다. 계례의 진행절차는 관례와 같으나 재가례(再加禮)와 삼가례(三加禮)를 줄여 초가례(初加禮)만 행하고, 복장은 자주색 끝동을 댄 옥색 회장저고리에 겹치마를 입고 초록색 당의나 원삼을 입었으며, 머리는 어여머리를 하였다고 한다.

계례의 모든 절차의 진행은 홀기에 따라 진행하는데 처음으로 하는 일은 '계빈(戒賓)'이라 하여 계례날이 정해지면 그 3일 전에 주례를 초빙하는 것이다. 주례는 부덕(婦德)을 갖춘 인자하고 복 많은 분으로 정한다. 다음으로 '진설(陳設)'이라 하여 계례를 올릴 전체적인 준비를 하고, 필요한 의복 또한 모두 준비한다. 계례 당일이 되면 문 앞에 차례대로 서서 초대한 손님을 기다리고(서립, 序立), 오시는 손님들을 공손히 맞아들인다(영입, 迎入). 모든 손님이 도착하면 주례자가 장계자의 머리를 올려 비녀를 꽂는 '가관계(加冠笄)'를 진행한다. 그리고 장계자는 '적방(適房)'이라 하여 식장에서 나와 다른 방에 가서 배자를 입는다. 그 후 성인이 되었음을 고하는 제사를 지내고(내초, 乃醮), 자를 지어 불러 준다(내자, 乃字). 마지막으로 사당에 가서 참배를 한 후(사당현알, 祠堂見謁) 함께 모인 손님들을 접대(예빈, 禮賓)하면 모든 예식이 끝이 난다.

2) 계례의 변화

여자가 머리를 얹는 계례는 흔히 혼례식이 이루어질 때 행하여졌다. 즉, 혼례식이 시작되어 신랑이 신부집에 들어서면 안방에 얹어 놓았던 신부의 머리를 빗어 쪽을 찌게 한다. 신랑이 전안례(奠雁禮)를 마치고 홀기 부르는 사람이 "신부 출"이라고 외친 후에도 한참 있어야 신부가 나온다. 이때 처음으로 쪽을 찌고 비녀를 꽂는 것이니, 실제로 계례가 행하여지는 관행인 것이다.

여자들의 계례에 관한 사례 보고는 별로 많지 않다. 이미 혼례에 포함되어 버린 지 오래인 까닭에 계례 의식은 사라졌다. 자연히 여자의 계례에는 잔치가 따로 필요하지 않게 되었다. 민속 조사 보고에 포함된 계례의 예는 아래와 같다.

계례의식 1

계례의식 2

계례의식 3

• **강원도 인제군 남면 상수내리에 사는 장천용(여)의 사례**: 여자 머리는 '혼례일' 아침에 수모가 귀밑머리를 풀어서 쪽을 쪄 준다.
• **전북 익산군 광산면 원수리 김수(여)의 사례**: 15세 때 혼인하였는데, 혼인날 아침에 귀밑머리를 풀고 쪽을 쪘다.
• **전남 장성군 황룡면 옥정리 김남숙(여)의 사례**: 16세 때 혼인하였는데, 대례날 아침에 쪽을 쪘다.

라. 계례 상차림

　계례 상차림에는 전통차와 유과, 정과를 올렸는데, 이는 차를 우려 마시는 행위인 다례(茶禮)의식을 통해 예(禮)나 몸가짐을 수련하고 덕을 쌓는 의미로 볼 수 있다. 보통 차나무의 어린잎을 따서 법제해 이를 달인 물로 차를 내는 것이 전부이나 곁들여 곡물 가루에 꿀, 엿, 설탕 등을 넣고 반죽해서 기름에 튀긴 유밀과와, 과일, 열매, 식물 뿌리 등을 꿀로 조린 정과 등을 함께 올리기도 한다.

계례 상차림

마. 현대 성년례

　지금은 비록 관례와 계례 의식이 점차 사라지고 있으나 현대와 같이 청소년 문제가 심각한 때일수록 고례(古禮)인의 관례와 계례를 현대에 재현해 시행할 필요가 절실해진다. 즉, 성년이 됨으로써 책임과 의무를 다해야 한다는 것을 인식시키는 것이 성년식을 행하는 참 목적이므로 성년례는 앞으로도 정중히 행해야 할 것이다.

1) 성년례의 방법과 시기

현대 성년례는 가정에서 개별적으로 행하는 경우와 단체나 직장 등에서 같은 무렵에 성년이 되는 청년 남녀들을 동시에 시행하는 집체 성년례의 경우로 나누어서 생각해야 한다. 성년례를 행하는 연령은 현행 민법에 정해진 성인의 연령으로 한다.

- **개별 성년례의 경우**: 가정에서 개별적으로 성년례를 거행할 경우는 성년이 되는 생일이 제일 적당하다.
- **집체 성년례의 경우**: 직장이나 단체 또는 지역에서 단체적으로 행하는 성년례는 일정한 시점을 기준으로 성년이 되는 남녀를 모아서 단체로 예를 행한다.

성년례를 거행하려면 고례에서와 같이 정중하고 경건하며 엄숙한 절차에 따라 시행할 수 있겠지만, 현대인들은 법치주의에 순치되어 증서나 문서에 대한 선호가 높다. 그러므로 성년 선서와 성년 선언을 준비한다. 이것은 개별 성년례나 단체 성년례에서 함께 사용될 수 있어야 한다.

2) 성년례 진행 요원

성년례를 거행하려면 개별 성년례와 단체 성년례에 모두 다음의 인원이 있어야 한다.

- **주인**(主人): 개별에는 성년자의 아버지나 할아버지, 단체에는 주최자의 대표와 가족 대표
- **성년자**(成年者): 성년례의 당사자
- **큰손님**(主禮): 학문과 덕망이 존경받으며 본받을 만하고, 예(禮)를 잘 아는 사람
- **사회**(司會): 예를 잘 아는 사람으로 성년례 식순(홀기)을 읽는다.
- **안내**: 내빈을 안내한다.

3) 성년례의 절차

현대 성년례는 5월의 셋째 주 월요일인 성년의 날에 만 20세가 되는 남녀를 대상으로 거행한다. 성년례의 절차로는 우선 성년례에 참석할 큰손님을 미리 청한다. 당일 아침에 조상께 먼저 아뢴 후 행사에 참석할 인원이 모두 모이면 다음의 성년식 순서대로 진행한다.

예식의 순서

1. 장소 배설	7. 성년 선언과 서명
2. 성년식 거행 선언	8. 술의 의식
3. 큰손님이 성년자의 이름을 확인	9. 큰손님의 교훈
4. 성년자 입장	10. 일동 경례
5. 경례	11. 성년례 마침을 선언
6. 성년 선서와 서명	

성년 선서의 서식 예

```
                        성년 선서

                성년자(성 명): ○ ○ ○
                (생년월일):  년  월  일생

    나는 이제 성년이 됨에 있어서 오늘이 있게 하신 조상과 부모님의 은혜에 감사하고
자손의 도리를 다할 것을 맹세하며, 완전한 사회인으로서 정당권리에 참여하고
신성의무에 충실해 어른의 도리를 다할 것을 참마음으로 엄숙히 선서합니다.

                        년  월  일
                큰손님(성명): ○ ○ ○
                        (서명):
```

성년 선언의 서식 예

```
                        성년 선언

                성년자(성 명): ○ ○ ○
                (생년월일):  년  월  일생

    그대는 이제 성년이 됨에 있어서 자손으로서의 도리를 다하고
완전한 사회인으로서의 정당권리와 신성의무에 충실할 것을 맹세하고 서명했으므로,
이 의식을 주관한 나는 그대가 성인이 되었음을 선언합니다.

                        년  월  일
                큰손님(성명): ○ ○ ○
                        (서명):
```

제2부

인생의 기쁨, 혼례·수연례

01. 혼례(婚禮) · 02. 수연례(壽宴禮)

01
혼례(婚禮)

가. 혼례의 의의와 역사

1) 혼례의 의의

혼례는 한 쌍의 남녀가 혼인(婚姻)을 함으로써 개인 간의 결합과 양가(兩家)라는 가족집단이 인연을 맺어 가정이라는 사회적 조직체를 형성하는 공인의 성격을 가진 의례절차이다.

혼례의 어원을 살펴보면, '혼(婚)'은 원래 '어두울 혼(昏)'이며, 해가 저무는 시간에 올리는 예(禮)라는 뜻이다. '인(姻)'은 여자가 사람으로 말미암아 성례한다는 뜻이다. 혼인과 저녁의 관계는 그 역사가 중국 주(周)대로 소급된다. 당시의 혼례 형식은 남자가 해 진 후 어두울 때, 여자 집에 가서 예를 올렸는데, 그 뜻은 양(陽)과 음(陰)이 만나는 시간도 양인 낮과 음인 밤이 교차하는 시간인 해가 저무는 때가 합당하다는 취지이다. 그것을 『예서』에서는 "양이 가고 음이 오는 까닭을 취한 것(取陽往陰來之義)"이라고 했다.

다시 말해 혼례란 우주의 섭리에 맞추어 남자와 여자와의 만남, 즉 음양이 합하여 완전한 하나로 되는 의식으로서, 만나는 시각도 천지 이치에 맞추어 황혼 때 식을 올렸던 것이다.

우리나라의 혼례는 『예기』의 의혼(議婚), 문명(問名), 납길(納吉), 납징(納徵), 청기(請期), 친영(親迎)의 육례(六禮)로 여섯 절차가 있었으며, 『주자가례』를 본받아 조선 숙종 때 도암 이재(李縡,1680-1746)가 편찬한 『사례편람』의 의혼(議婚), 납채(納采), 납폐(納幣), 친영(親迎)의 사례(四禮)로 행하기도 했다.

그런데 개화기와 일제식민지시대를 거치면서 서구의 혼인식과 일본의 혼인식이 유입되어 오늘날에 널리 행해지는 이른바 신식 혼인식의 절차로 변모되어 왔고, 이에 따라 우리나라의 전통적인 혼례식은 구식 혼례라고 불리게 되었다. 급속한 사회 변천과 외래문화의 유입으로 신식 혼인식이 행해지면서 전통 혼례 절차에 담긴 정신 또한 변화하였다.

2) 혼례의 역사

(1) 원시사회의 혼인

원시인들은 어머니의 존재만 알 뿐 아버지의 존재는 알지 못했다. 그 까닭은 원시인들의 생활이 잡혼(雜婚)·난혼(亂婚)의 형태를 취했기 때문이다. 어떤 인류학자에 의하면 원시적인 인류는 잡거를 하면서 잡혼, 즉 욕망을 자극하는 계기가 있으면 언제나 때와 상대를 가리지 않고 혼교 하는 성적 형태를 취했다는 것이다. 남성은 여성의 배 속에 생긴 아이가 성행위의 결과 자신의 정액에 의해 만들어진 것을 알지 못했으므로, 갓난아기는 자기가 속한 집단의 아이일 뿐 자신의 아이라는 것을 몰랐다. 여성도 자신과 동침한 남성이 유일한 남성이 아니므로, 새로 태어나는 아이가 누구의 아이인가 생각할 수 없었던 것이다.

우리의 신화인 단군 신화·동명성왕 신화·김수로왕 신화·박혁거세 신화·삼성혈 신화·견훤 신화·왕건 신화 등 대부분의 신화도 개국 신화인 동시에 혼인 신화라고 볼 수 있다. 신화를 통해서 보는 혼인 풍속에는 모계사회의 흔적이 남아 있다.

(2) 부여(扶餘)·옥저(沃沮)의 민며느리제

우리나라 혼인 제도의 변천을 보면 부여(扶餘)에서는 일부일처제였으나 형이 죽으면 형수를 처로 맞는다는 관습이 존재했다. 옥저(沃沮)에서는 여자의 나이 10세가 되면 남가(男家)와 혼인할 것을 약속한다. 남가(男家)에서는 여자를 맞이하여 오랫동안 양육하여 민며느리로 삼는다. 여자가 성인이 된 후 일단 여가(女家)에 돌려보내면 여가에서는 돈을 청구하여 그 청구한 돈을 받은 후에 여자를 남가에 돌려보냈다. 일종의 매매혼(賣買婚)이라 볼 수 있다.

(3) 고구려의 서류부가

고구려의 혼인 풍속 가운데 독특한 것은 서류부가(婿留婦家)의 혼속이다. 이러한 제도는 고구려에만 있었던 풍속은 아니고 시베리아 퉁구스인과 일본의 아이누인, 북미의 앨콩키인, 아프리카의 파엘레인들에게도 있던 풍속이다.

우리나라의 고대 혼인 제도나 혼인 풍속을 구체적으로 알리는 기록인 『삼국지(三國志)』 「위지(魏志) 동이전(東夷傳)」의 고구려의 혼인 풍속을 보면, "고구려에서는 혼인을 정하면 여자의 집에서 큰 집 뒤에 작은 집을 지어 서옥(婿屋)이라 한다. 해가 저물 때 남자가 문밖에 와서 동숙하기를 재삼 청하면 여자의 부모가 서옥으로 안내하여 연을 맺게 하는데, 사위는 돈과 옷감을 제공한다. 자녀를 낳아 장성하면 처자를 데리고 남자 집으로 가서 거기서 생활한다"고 하였다.

위의 내용에서 알 수 있듯이 고구려에서는 혼인한 사위가 우선 처가에서 머물러 살았으며, 사위가 처가에서 산다는 뜻에서 '서류부가의 혼속'이라 하였다. 이 때문에 장인(杖人)의 집으로 간다는 뜻의 '장가(杖家)든다', '장가간다'라는 말이 생겼다는 설도 있다.

(4) 백제의 혼속

기록에 의하면 백제는 일부다처제의 풍속을 가졌고, 여인들은 정절을 지켰다는 설화가 전한다. 대표적으로 도미의 처의 설화가 전해지며, 이와 비슷한 이야기가 『고려사 악지(高麗史 樂志)』에도 기록되어 있다.

백제는 나라를 보존하기 위해 이웃나라인 신라와 중국·왜국과 정략적으로 혼인을 하기도 했는데, 개루왕(蓋婁王)은 맏딸을 왜국의 웅략천황(雄略天皇)에게로 시집 보냈고, 왕족이었던 사아군의 후손인 신립공주는 광인천황이 아직 왕위에 오르기 전 그에게 시집가서 나중에 황후가 되어 환무천황(桓武天皇)을 낳았다. 의자왕(義慈 王)의 아들 풍장은 왜국에 인질로 가있는 동안 다신장부의 누이와 혼인을 하는 등 백제와 일본 사이에 정략혼이 있었음을 알 수 있다.

(5) 신라의 혼속

우리나라의 서류부가 혼인 풍속은 고구려뿐 아니라 신라시대를 거쳐 고려, 조선 초기에까지 계속되었다. 신라의 왕위 계승에서 박 씨, 석 씨, 김 씨의 세 성씨가 번 갈아 왕이 된 사실은 세 성씨가 서로 통혼을 하였고, 왕위를 계승할 때 아들과 사 위, 친손과 외손을 차별하지 않았음을 뜻한다. 이러한 가족 형태는 혼인을 한 부부 의 거주처 제도가 부처(婦處)에서 부처제(夫處制)를 기본으로 한 것이었음에서 비롯 한다.

골품(骨品)과 두품(頭品) 제도가 엄격했던 신라 사회에서는 특히 그 상류 귀족층에 서 친족혼이 많이 행해졌다. 특히 성골은 그 부모가 동성 왕족의 근친 간이었다.

왕실뿐 아니라 민간에서도 근친혼을 하는 풍속이 성행했다. 그래서 문종 35년 (1081년) 이후로는 4촌 이내의 근친혼을 금하고, 대공친(상을 당해서 9개월간 상복을 입는 가까운 친척인 종형제·자매·증자부·증손·증손녀·질부·시조부모·시질부)과 혼인하여 낳은 자손 은 벼슬에 나가지 못하게 했다. 숙종 원년(1314년)에는 공신들의 동성 혼인을 금했 다. 이러한 사실들로 미루어 민간에서도 근친혼과 동성혼이 성행했음을 알 수 있다.

신라의 경우 남자 쪽에서 혼수를 성대하게 마련하는 풍속은 오늘날의 혼례 풍속 에도 그대로 전해지고 있는 것으로 여겨진다. 얼마 전까지만 해도 옛 신라의 땅이 었던 경상도 지방에서는 남자 쪽에서 많은 혼수를 준비하는데 옛 백제였던 전라도 쪽에서는 여자 쪽에서 혼수 준비를 성대히 하는 풍속이 있었다.

(6) 고려의 혼속

고려시대에도 서류부가의 혼속이 관행으로 이어지고 있었다. 고려시대 혼인 풍속 의 특징을 크게 구분하면 근친혼·일부다처혼·족외혼이라고 말할 수 있다. 혈족 내

근친 혼인은 왕실 내에서도 비난하는 한편, 원나라에서조차 동성혼을 비난하게 되어 충선왕은 동성혼을 금하는 교서를 내리기에 이르렀다.

왕실의 근친혼은 신라 때부터 있었으며, 고려도 개국 초부터 왕실의 기반을 튼튼히 하고, 왕통을 순수하게 유지할 목적으로 용의 후손이라는 용종설(龍種說)을 근거로 근친혼을 행하였다.

고려의 혼인음식에 대한 기록은 다음과 같다. 『계림유사』에 보면 "고려에서는 사위집에서 재물을 받지 않고 음식을 차릴 뿐이다"라는 기록이 있고, 『고려도경(高麗圖經)』에서는 "귀인, 사족은 혼가에서 대부분 폐(幣)를 하고 있으나, 민가에서는 오직 술과 쌀로 기쁨을 나눌 뿐이다"라고 하였다.

(7) 조선시대 혼속

가) 조선 초기의 서류부가 혼속

조선시대에도 서류부가의 혼속이 계속 이어지고 있는데, 『세종실록』 권40 세종 10년 4월조에 "우의정, 형조판서, 예조판서, 참의 등이 아뢰기를 우리나라에서는 남자가 여자의 집에 왕래하므로 모지손(母之孫)이 한 방에 함께 거처하여 서로 친애하는 풍속이 매우 두텁다"라고 기록되었고, 동권63 세종 16년 3월조에는 "혼례는 인륜의 대사(大事)이고 음양에 따르는 바이다. 남부여가(男婦女家)의 풍습이 오랫동안 내려오는 터이라 인정이 여기에 따르고 있어 급격한 변화는 쉽지 않다"고 하였다.

이렇게 조선 왕조도 초기에는 전대의 풍속이 계속되고 있었으나, 『주자가례』에 따라서 친영의 예로 혼례의 규정을 변경하고자 하는 논의 과정을 거쳐 18세기 중엽에는 혼례를 치르면 여자가 남자의 집으로 옮겨 살도록 규정이 바뀌었다.

그러나 천여 년을 이어온 서류부가의 혼속은 사회 저변에 토착된 풍속이었으므로 쉽게 변경되지는 않았다. 서류부가의 혼속에서 출가외인(出嫁外人) 혼속으로의 변화는 오랜 시일을 거쳐 먼저 왕가에서 친영의 예를 행하여 선도한 이후로 차차 양반 가정에서 시행되고, 18세기에 이르러 전면적으로 이루어진다. 그러나 전적인 친영의 예로 변경되지 않고 반친영(半親迎)의 예로 자리 잡게 된다.

나) 초례(醮禮)만을 반친영(半親迎)의 예로 한 출가외인 혼속

반친영의 예는 신랑이 신부의 집으로 가서 혼례를 행하되 신부집에서 3일을 머문 후 신부를 데리고 신랑의 집으로 가는 것이다. 즉, 서류부가의 혼례 풍속에 비하면 혼례를 행한 신부가 친정에 머무는 수년간의 부처 거주기간이 단 3일을 원칙

갓 혼인한 신랑 신부

1900년대 혼례식

혼례

1940년대 개성 혼례 1
신랑 김광환 신부 신옥자 혼례

1940년대 개성 혼례 2
신랑 임광일 신부 진정옥 혼례

으로 단축된 것이다. 신부가 시댁으로 가는 절차를 신부우례(新婦于禮) 또는 신행(新行)이라 하였다. 3일 만에 신행을 하지 않고 남자가 여자의 집으로 왕래하는 경우가 있었으나 이는 특별한 경우에 속하였다. 혼인 규정이 반친영의 예로 변경된 이후의 우리나라의 혼례절차는 청혼(請婚), 사주(四柱), 택일(擇日), 납폐(納幣), 대례(大禮), 신부우례(新婦于禮)의 육례이다. 신부우례를 행하여 시집으로 가면 현구고례(見貴姑禮)라 일컫는 폐백의식을 행하였다.

나. 사례혼례제(四禮婚禮制)와 혼례음식

사례혼례제(四禮婚禮制)는 『주자가례』의 혼례 절차인 육례와 그 시대에 이미 변화한 시속의 예를 참작하여 네 단계로 축소한 혼례 절차이다. 『주자가례』를 바탕으로 조선조 숙종 때 도암 이재가 당시의 실정에 맞게 편찬한 『사례편람』에서는 혼례를 의혼(議婚), 납채(納采), 납폐(納幣), 친영(親迎)의 사례(四禮)로 설명하고 있다.

1) 의혼(議婚)

남녀가 혼인할 나이가 되어, 신랑집과 신부집에서 서로 혼사에 관하여 의논하는 절차를 의혼이라 한다. 『사례편람(四禮便覽)』(1844)에 남자는 16세부터 30세 사이에, 여자는 나이 14세부터 20세 사이에 의혼한다고 되어 있다.

(1) 중매

가문과 가풍을 중시한 한국의 전통 혼례식에서는 양가(兩家)에서 중매인을 세워 중매인이 양가를 왕래하며 중매를 시작한다. 신랑의 경우 보통 당사자의 용모, 문벌, 학력, 생활력, 성품 등을 살피고, 신부의 경우는 성격, 문벌, 생활력, 생활 정도 등을 조사하고 두 사람의 궁합(宮合)을 본다.

(2) 궁합

궁합은 혼인할 신랑 신부의 사주(四柱)를 오행(五行)에 맞추어 보는 것으로, 대개 전문으로 궁합을 보는 사람에게 맡긴다. 궁합을 보아서 좋은 결과가 나오면 부모가 최종 허혼(許婚) 여부를 정했다. 과거에는 본인보다는 부모, 부모보다는 가문을 중시하였기 때문에 부모님 명령에는 무조건 순종해야 했다. 중매인은 혼사가 이루어지면 혼인 후에 남자 집에서 약간의 보답을 받기도 했다.

2) 납채(納采)

혼약이 이루어져서 사주(四柱)를 보내고 연길(涓吉)을 청하는 절차이다.

(1) 사주

사주(四柱)는 사성(四星)이라고도 하며, 정혼하기로 결정되면 신랑집에서 신부집으로 보내는 것을 말하는데, 이를 '단자 보낸다', '사주 보낸다' 또는 '주단거래'라고 한다.

신부집에서 허혼(許婚) 편지나 전갈이 오면 신랑집에서는 신랑의 사주와 납채문을 작성하여 홍색보자기에 싸서 신부집으로 보낸다. 사주는 길이 1자 3치(40cm), 넓이

9치 2푼(28cm) 정도의 간지를 다섯 칸으로 접어서 그 한가운데에 신랑의 생년월일과 출생시간을 쓴다. 두꺼운 한지로 만든 큰 봉투에 이 사주를 넣은 뒤 전면에 '사주'라고 쓰고 뒷면에 '근봉(謹封)'이라 쓴다. 사주를 간지에 싸서 다섯 번 접어 봉투에 넣고 봉투 겉에 근봉(謹封)이라고 써서 띠를 씌운 다음에 싸릿대를 쪼개서 끼우고 청홍실로 감아 매듭은 동심결로 맺는다. 동심결(同心結)이란 '영원'이라는 뜻을 지니고 있으며, 세 개 연달아 맺어 아래위로 끈을 길게 늘어뜨려 묶는다.

납채문은 정식으로 결혼을 신청하는 서장(誓狀)으로 사주와 함께 홍색보자기로 싼 다음에 신랑집에서 신부집으로 보낸다.

사주 쓰는 법

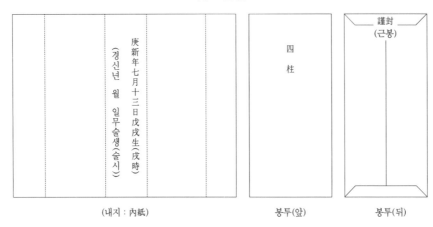

(내지 : 內紙)　　　봉투(앞)　　　봉투(뒤)

납채문 쓰는 법

(한문 납채문)　　　봉투(앞)　　　봉투(뒤)

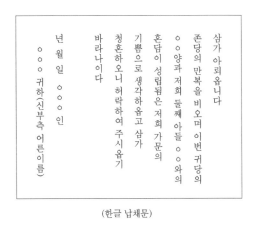

삼가 아뢰옵니다
존당의 만복을 비오며 이번 귀당의
○○양과 저희 둘째 아들 ○○와의
혼담이 성립됨은 저희 가문의
기쁨으로 생각하옵고 삼가
청혼하오니 허락하여 주시옵기
바라나이다

년 월 일 ○○○ 인
○○○ 귀하(신부측 어른이름)

(한글 납채문)

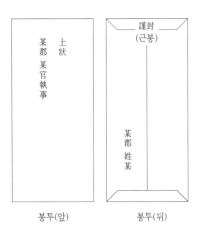

上狀
某郡 某官執事

謹封
(근봉)

某郡 姓某

봉투(앞)　　　봉투(뒤)

사주단자 싸기

(2) 연길(涓吉)

사주를 받은 신부집에서 허혼(許婚)의 뜻으로 길일(吉日)을 택하여 혼인 날짜를 정한 것을 연길(涓吉), 택일(擇日)이라 하며, 혼인을 허락하는 연길서(涓吉書)와 함께 청색보자기에 싸서 신랑집으로 보낸다.

택일(擇日)은 여자 집에서 남자 집으로 허혼서와 같이 보내나, 지방에 따라 남자 집에서 여자 집으로 보내는 경우도 있다. 지방에 따라서는 양가의 부모가 혼인한 달, 두 집안이 불길하였던 날, 조상의 제삿날, 또는 농번기, 삼복이 낀 달 등을 피하여 택일하기도 한다.

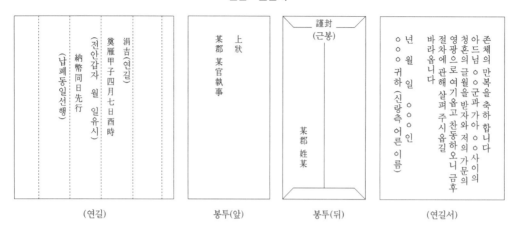

연길단자 싸기 1

연길단자 싸기 2

연길서는 사주 올 때 받은 납채문의 회답 편지로 연길단자와 함께 보낸다. 연길서는 청혼에 대한 감사와 청혼을 받아들인다는 내용이 담겨있다.

3) 납폐(納幣)

납폐란 폐백을 보낸다는 뜻이다. 폐백이란 예물을 의미하므로 남자 측에서 여자 측에 예물을 보내는 절차를 납폐라고 한다. 예물을 보내는 까닭은 예서(禮書)에 "선비는 예가 아니면 움직이지 않는다. 부인도 예가 아니면 움직일 수 없다"고 밝히고 있다. 신랑집에서 보통 결혼식 전날 신부용 혼수(婚需)와 혼서지(婚書紙) 및 함에 들어있는 채단의 물목(物目)을 넣은 혼수함을 보낸다.

(1) 채단(예물) 보내기

보통은 청색과 홍색의 치마 한 감에 저고리 두 벌 아니면, 치마 두 벌에 저고리 세 감을 넣기도 한다. 또 그런 것에 관계없이 한 감 아니면 두어 감을 넣어, 홍색 감은 청색 간지에 싸서 홍색실로 동심결(同心結)을 맺고 청색감은 홍색 한지로 싸서 청색실로 동심결을 맺는다.

동심결

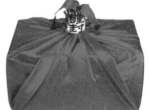

근봉띠 두른 함

혼서지는 혼인의 문서이다. 혼서지는 가로 72cm 세로 40cm 정도의 간지를 아홉 칸으로 접어서 내용을 쓴다. 금전지가 달린 검정색 비단 겹보자기에 혼서를 싼 다음 한문으로 '근봉(謹封)' 띠를 두른다. 혼서는 신부에게는 무척 소중한 것으로서 일부종사

혼서지

(一夫從事)의 의미로 일생동안 간직하였다가 죽을 때는 관 속에 넣어 가지고 간다고 한다.

혼서지 서식 및 봉투

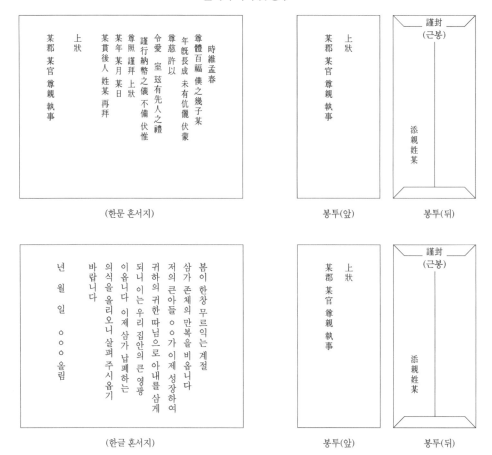

(한문 혼서지)　　　　　봉투(앞)　　　　봉투(뒤)

(한글 혼서지)　　　　　봉투(앞)　　　　봉투(뒤)

(2) 납폐하는 방법

　조상에 고한 다음 근친의 한 사람이 집사(執事)가 되어 혼서를 받들고 다른 사람이 함진아비가 되어 함을 지고 가는데 모두 성장(盛裝)한다. 함진아비는 옛날에는 복 있는 하인을 시켰으며 조용히 가지고 들어갔다. 요즈음은 신랑의 가까운 친구가 하는 것이 상례로 되어 있고, 그 앞에 등불을 밝혀 주는 사람과 서너 명의 친구들이 함께 신부집으로 간다. 이때에는 일체의 행패나 장난은 삼가야 하고, 이웃이 알도록 시끄럽게 하거나 신부 측을 곤혹스럽게 해서는 안 된다.

　신부집에서 함을 받을 때는 마당에 멍석을 깔고 병풍을 친 다음 돗자리를 펴고 상을 놓거나, 대청마루에 상을 놓고 받는다. 상 위에 홍보자기를 덮고 그 위에 봉채

혼수함 받기

떡을 놓고 다시 홍보자기를 덮은 후 함진아비가 혼주에게 넘겨주는 함을 올리고 서로 맞절한다. 봉채떡 위에 얹은 밤과 대추는 떠서 신부에게 먹이고, 떡은 함 받는 곳에 모인 사람들과 나누어 먹는다.

(3) 봉채(封菜)떡

신랑집에서 신부집으로 채단과 예장을 보내는 납폐일에 신랑집과 신부집에서 각각 봉채떡을 준비하는데, 봉치떡이라고도 한다. 봉채떡은 찹쌀가루와 붉은 팥고물로 두 켜의 떡을 안치고 그 중앙에 대추를 얹어 찐 시루로, 부부 화합을 상징하는 음식이다. 신랑집에서는 봉채함을 이 시루 위에 얹었다가 보내고, 신부집에서도 봉채함을 받아 이 시루 위에 놓는

봉채떡

다. 팥의 붉은 빛깔은 양(陽)이며 생기왕성이니 발전을 축복하고, 벽사(辟邪)와 제액(除厄)을 뜻한다. 찹쌀 3되의 3은 천·지·인을 뜻하여 완전하다는 숫자관에서 비롯하

였으며, 찹쌀에는 찰기가 있어 떨어지지 않으므로 부부의 이별이 없음을 의미한다. 율(栗)은 파자하면 서목(西木)이 된다. 서는 오행으로 백색이며, 추수를 하는 가을을 뜻하므로 생산과 풍요를 의미한다. 대추는 장수와 생남(生男)을 의미한다.

4) 친영(親迎)

신랑이 신부집에 가서 혼례를 치르고 신부를 맞아오는 예로서 요즘의 결혼식이다. 사례(四禮)에서의 친영은 전안례, 교배례, 합근례의 순서로 행해지는데, 신랑이 신부의 집에 가서 신부를 맞다가 신랑의 집에서 혼인예식을 거행한다. 우리나라의 전통 혼례는 신랑이 신부의 집에 가서 그곳에서 혼인예식을 거행하였다.

(1) 전안례

신랑이 신부의 집에 가서 기러기를 드리는 일을 전안례라 한다. 옛 문헌에 보면 "기러기는 새끼를 많이 치고, 짝이 되면 다른 것과 교미를 하지 않고, 짝을 잃으면 다른 짝을 다시 찾지 않는다"고 하여 자손이 번성하고 정조를 지키는 새이기 때문에 남편이 될 신랑이 아내가 될 신부에게 그렇게 살겠음을 약속하는 상징적인 의식이라 하겠다. 전통적인 관습으로는 기러기를 원앙새로 간주해 "원앙과 같이 금실 좋게 살겠다"는 약속의 표현을 하기도 했다.

전안례 1

전안례 2

(2) 교배례

교배례는 부부가 될 남자와 여자가 처음으로 만나는 인사로 상견례(相見禮)이다.

우리나라의 전통관습으로는 신부집의 대청이나 마당에 혼인 예식장을 준비한다. 신부집에서는 마당에 천막을 치고 휘장을 두르고 가운데에 대례상(大禮床)을 준비한다. 대례상을 '초례상', '행례말(行禮末)', '교배상(交拜床)', '친영상(親迎床)'이라고도 한다. 상 위에는 한 쌍의 촛대에 촛불을 켜 놓고, 송죽(松竹) 화병 한 쌍, 백미(白米) 두 그릇, 과일과 떡 그리고 보자기에 싼 산 닭 한 쌍을 남북으로 갈라놓는다. 송죽의 화병에는 각각 청실홍실 타래를 걸쳐놓고, 한 쌍의 닭은 상 위에 놓지 않고 양쪽에서 시동(侍童)이 붙들고 서 있기도 한다. 옛날에는 두 개의 대야 안에 각각 수건을 깔고 그 위에 물 종자를 놓아 신랑 신부가 그 물로 손을 씻게 하였다.

운현궁 전통 혼례 초례상

대례상 1
조선 말기의 국학자 이능화가 『조선여속고(朝鮮女俗考)』(1972)에 묘사한 당시의 대례상(초례상) 진설도를 재현한 모습

대례상 2
북쪽을 정청으로 하여 병풍을 치고, 화병, 장닭, 쌀, 대추, 생밤, 암닭, 화병을 둠

(3) 합근례(合졸禮)

합근례는 술잔과 표주박에 각각 술을 부어 마시는 의례로서 근배례(졸拜禮)라고도 한다. 처음 술잔으로 마시는 술은 부부로서의 인연을 맺는 것을 의미하며, 표주박으로 마시는 술은 부부의 화합을 의미한다. 반으로 쪼개진 표주박은 그 짝이 이 세상에 하나밖에 없으며 둘이 합쳐짐으로써 온전한 하나를 이룬다는 점에서 유래한다.

(4) 관대(冠帶) 벗김·합궁례(合宮禮)

신랑은 혼례를 마친 후 사모관대를 벗고 신부집에서 마련한 옷으로 갈아입는다. 이를 '관대 벗김' 혹은 '관대 벗음'이라 한다. 이어 신랑은 상객이 머무는 방으로 나가 상객에게 절을 하며 대례가 무사히 끝났음을 고한다.

혼인의 궁극적인 의미는 남녀, 즉 부부가 몸을 합치는 데에 있으며 합궁례는 몸을 합치는 의식으로서 첫날밤 또는 신방이라 한다.

(5) 큰상[高排床]

대례가 끝나면 신부집에서는 상객과 신랑에게 큰상을 차려 주고, 신랑집에서는

큰상(고임상)

현구고례를 행한 신부에게 큰상을 차려 준다. 신랑집과 신부집에서 차린 큰상은 헐어서 신랑집, 신부집으로 보내는데, 이것을 상수(床需)라 하며, 송복(頌福)의 의미로 여러 사람에게 나누도록 하는 관행이 있으며, 보낼 때 상수송서장(床需送書狀)에 육·어·주·과·포의 차례로 적은 물목도 같이 보낸다.

(6) 우귀례(于歸禮)

우귀례를 '우귀(于歸)' 또는 '신행(新行)'이라고도 한다. 이는 신랑이 신부를 데리고 신랑집으로 가는 예이다. 대례를 마치고 당일로 우귀례를 하는 경우도 있으나 대개는 신부집에서 하룻밤 또는 3일을 머물다가 우귀례를 행하는 것이 상례이다. 당일우귀례(當日于歸禮)가 아닌 경우, 함께 왔던 집안의 어른이신 상객은 잠시 신부를 상면(相面)한 다음 먼저 돌아간다. 우귀례 시에는 말을 탄 신랑이 앞서고 신부를 태운 가마, 신부 측을 대표하는 상객, 신부를 시중드는 수모, 혼수를 옮기는 짐꾼들이 그 뒤를 따른다.

가) 현구고례(見舅姑禮)

신부가 처음으로 시부모를 뵙는 예를 현구고례라 하는데 지금의 폐백례이다. 『사례편람』에서 지적하는 폐백 품목은 다음과 같다. "현구고(見舅姑)를 행할 때의 폐백음식은 대추·밤·육포이다. 고례에 의하면 현구고의 예를 행할 때의 음식은 대추·밤·육포로 하나, 『주자가례』에서는 음식과

폐백

그 외의 예물을 겸한다. 음식만 써도 무방한데, 예물과 병용할 때의 폐물(幣物)은 포백(布帛)이 아니면 지속(紙束)도 가하다."

폐백은 원래 시부모에게만 드리는 예를 의미하였다. 대청에 병풍을 둘러친 다음

폐백보에 싼 폐백음식

주안상을 앞에 놓고 시아버지는 동쪽, 시어머니는 서쪽에 앉아 며느리의 인사를 받는다. 이때는 신부가 준비해 간 대추·밤·과일·닭찜 등을 상 위에 차려 놓고 시가(媤家) 어른들에게 근친의 순으로 큰절을 하고 술 한 잔씩을 올린다. 예의 순서는 비록 시조부모가 생존해 계시더라

도 먼저 시부모에게 예를 올리고 나서 다음에 시조부모를 뵌다. 그 다음에는 촌수(寸數)와 항렬(行列)의 순서에 따라 예를 올리는데, 그때 신랑의 직계 존속에게는 술잔을 올린 다음 사배(四拜)하고 기타 친척들에게는 단배(單拜)하는 것이 원칙이었다.

나) 폐백음식

현구고례 행할 때, 시아버지에게는 대추와 밤을 올리고, 시어머니에게는 육포를 올린다. 전라도에서는 대추와 꿩 폐백을 하기도 하며, 경상도에서는 주로 대추와

폐백–시아버지(위), 폐백–시어머니(아래)

닭 폐백을 올린다. 이북 지방에서는 폐백이 일반적이지 않으나, 개성 지방의 혼례음식은 매우 독특하다.

과거 정치적·문화적·경제적으로 번성했던 고려의 도읍지로서의 특성이 그대로 나타나 개성 폐백의 경우 남녀를 상징하여 홍·홍 또는 청·홍색으로 두 개를 싸는데, 주로 모약과, 주악, 전류, 포, 밤·대추와 사과·배 등의 과일류, 당속류, 닭 등으로 만든다.

두 개 가운데 하나는 여자를 상징하는 것으로 모약과, 전류, 포 등을 둥글게 쌓아 올리면서 위쪽에 삶은

달걀을 두르고 맨 위에 입에 대추를 물린 암탉을 얹고 색떡을 꽂아 장식한다. 다른 하나는 남자를 상징하는 것으로 주로 과일을 쌓아 올리는데, 밤·대추·배·사과 등 계절에 따라서 선택한다. 자손 번성의 뜻으로 대추는 물에 약간 불린 후 뜨거운 번 철에 살짝 굴려서 잣을 끼워 꿀물에 무쳐 실에 꿰어서 두른다. 그 위에 포를 깔고 맨 위에는 밤을 입에 물린 수탉을 얹고 앞에서와 같이 색떡을 꽂아 장식한다.

시아버지에게 대추와 밤을 폐백으로 올리는 것은 "부지런하게 조심스러운 마음으로 시집살이를 하겠습니다"라고 아뢰는 의미가 담겼다. 시어머니에게 올리는 육포는 단수(膥脩)라 하는데, '단(膥)'은 육포의 고기를 한결같이 저며야 하는 까닭에 '한결같은'이고 '수(脩)'는 육포를 말릴 때 정성을 다해 뒤적여야 하므로 '정성을 다해'의 뜻이다. 즉, 시어머니에게 육포를 올리는 것은 "한결같은 마음으로 정성을 다해 모시겠습니다"라는 의미가 있다.

며느리의 폐백을 받은 시부모는 며느리에게 술을 내리며 교훈을 주고, 신부집에서 마련한 음식상을 신부가 차려서 시부모에게 올리고, 신부집에서 가져온 술을 시부모에게 따라서 올린다.

서울·경기 지방 폐백음식

육포 또는 편포와 대추를 준비한다. 대추는 홍보자기에 싸서 시아버님께 드리고 육포나 편포는 청보자기에 싸서 시어머니에게 드린다.

폐백음식으로 대추고임, 육포, 편포, 구절판, 곶감 오림, 육포다식, 새우포다식, 송화다식, 녹말다식, 어란, 문어나 오징어 오림, 전복초, 호두튀김, 은행꽂이, 잣솔, 생률, 곶감쌈, 대추초, 밤초, 연근정과 등을 준비한다.

서울·경기 지방의 폐백음식
육포, 고명 닭, 구절판, 곶감 오림, 약주

개성 지방 폐백음식(시아버지)

주로 과일류를 고이는데 밤, 대추, 배, 사과 등 계절에 따라서 선택한다. 과일 위에 포를 깔고 밤을 물린 수탉을 얹고 색떡으로 장식한다. 일반적으로 목판의 직경이 50cm에, 고임의 높이를 3자 정도로 한다. 함지에 밤을 담고 사과와 배를 돌려 쌓아올린 다음 과일 안쪽에 삶은 달걀, 곶감, 육포, 북어포를 담고 수탉을 앉힌다. 이때 수탉의 입에 대추를 물리고 몸에 빨간 실을 건다. 사탕꽃 정삭 둘레에 문어봉 새김으로 띠를 두른다.

개성 폐백 – 시어머니(좌), 시아버지(우)

개성 지방 폐백음식(시어머니)

주로 약과, 주악으로 둥글게 쌓아 올리고 그 안에 전(煎)을 담고 위쪽에 삶은 달걀을 두르고 맨 위에 입에 대추를 물린 암탉을 놓는다. 육포보다는 닭산적을 많이 썼다. 통닭은 배를 갈라서 내장을 빼고 다리만 떼어 조미한 것을 납작하게 모양을 만들고 닭 목과 머리를 세워 꽂아서 찐다. 위에 알지단, 버섯채 등 고명을 뿌려 만든다. 담을 때는 둥근 폐백 쟁반에 모양 그대로 담는다. 닭 입에는 대추를 끼우고 청실과 홍실을 맨다.

    제일 위에는 20cm 길이의 대가치를 대여섯 가닥으로 끝을 갈라낸 후 각 가지마다 색떡을 색색으로 화려하게 꽂아가면서 가득 채운다. 색떡은 곱게 빻은 멥쌀가루를 더운물로 반죽하여 갖가지 물을 들여서 꽃, 학 등을 만들어 꽂는다.

개성 폐백 고임 만드는 과정 1

개성 폐백 고임 만드는 과정 2

개성 폐백 고임 만드는 과정 3

개성 폐백 고임 만드는 과정 4

대추고임

    폐백을 드릴 때 신부가 시아버지께 드리는 것으로 밤과 대추고임을 올리는 의미는 장수하시길 바라는 마음, 부지런히 정성껏 모시겠다는 며느리의 마음가짐을 나타내고, 폐백을 받은 후 시아버지가 밤과 대추를 며느리에게 던지는 것은 다산(多産)과 무병장수(無病長壽)를 의미한다. 세 개를 던져주면 삼형제를 낳으라는 뜻이고, 일곱 개를 던져주면 칠형제를 낳으라는 뜻이 담겨있으며, 던져주는 대추는 저녁에 신방에서 신랑 신부가 같이 먹는다. 대추고임은 호대추라 하여 크고 실한 대추를 고르고 깨끗이 닦아 술에 불려 양쪽에 잣을 박고 다홍실로 꿴다. 실은 도중에 끊어지지 않게 꿰며 원반에 밤을 채워가며 대추로 돌려 쌓아올리는데 홀수로 단을 올려 쌓는다. 대추와 밤은 태양과 달을 의미한다. 시아버지께 드리는 대추고임은 홍색 보자기를 사용한다.

육포

육포는 장포 또는 약포라고도 하며 지방분이 적은 우둔육, 대접살, 홍두깨살 등을 길게 포를 떠서 간장, 꿀, 후춧가루 등의 양념에 재워두었다가 말려, 먹을 때 참기름을 발라서 윤기 있게 구워 낸다. 폐백드릴 때 육포는 시어머니 앞에 놓는데 며느리가 잘못해도 넓은 육포와 같이 널리 이해해 주십사하는 마음이 담겨있다.

대추고임

육포

편포

편포는 소고기로 만든 육포의 하나이다. 소고기 살을 잘게 썰고 다져서 양념장을 고루 무치고 모양을 만든다. 결혼할 때 신부가 시부모에게 폐백(幣帛) 드릴 때 가지고 가는 편포는 큰 해삼 모양으로 두 개를 빚어 채반에 담아 볕에 널어 말린다. 두꺼워서 속까지 마르지 않기 때문에 반 날것을 쓴다. 쟁반에 담을 때는 나란히 두 개를 담고 잣가루를 뿌려서 홍색과 청색의 종이띠를 두른다. 최근에는 고기가 상할 것을 우려하여 번철에 놓고 아주 익혀서 쓰고 있다. 시어머니께 드리는 현구고례 음식 중 육포, 닭, 편포는 한 가지만 택하여 올리고 청색 보자기를 사용한다. 식용 유를 바르고 구우면 갈색이 고루 나서 색상이 좋다.

고명 닭

고명 닭은 양념한 닭을 찜기에 쪄서 오색고명을 올려 장식한 다음 입에 밤과 대 추를 각각 물린다. 강원도에서는 엿과 닭이 대표적인 폐백음식으로 쓰인다. 엿은 시어머니께 드리고 닭은 시아버지께 드린다. 통닭의 배를 갈라 넓적하게 펴고 다리 가 붙은 채로 양념하여 찐 다음 위에다 실고추, 알지단 등을 얹어 장식하며 머리는 붙은 채로 한다.

편포

고명 닭

구절판

구절판은 어포와 잣솔, 은행, 호두튀김, 대추미삼쌈, 곶감쌈, 대구포, 생률, 육포, 생란 등 아홉 가지를 담는다. 아홉 개의 칸으로 나뉘어져 있다 하여 구절판인데, 목 기, 나전칠기, 유기, 도자기 등으로 만든다. 폐백음식에 올리는 구절판은 마른 음식 을 담아내는 마른 구절판이며, 계절이나 목적에 따라 재료를 바꿀 수 있다. 담을 때 는 음양의 조화에 맞춰 담는다.

곶감 오림

곶감은 절기상 찬이슬이 맺힌다는 한로(寒露)부터 서리가 내리기 시작하는 상강 (霜降) 사이에 떫은 감을 따서 껍질을 벗겨 햇볕에 말린다. 정성껏 말린 곶감은 잘 보관해 두었다가 일 년 내내 의례상에 올리는 중요한 과실로 이용한다.

곶감은 분이 희게 나고 빛깔이 붉은 것으로 준비하고 포를 떠서 꽃잎 모양으로 둥글게 만들어 포개어 꽃송이를 만들거나 뾰족하게 다듬어서 솔방울 모양을 만들 어 사용한다.

구절판

곶감 오림

오징어 오림 닭

『도문대작(屠門大嚼)』(1611년)에 오징어를 오적어(烏賊魚)라 하여 서해에는 드물지 만 전라도 흥덕(興德), 부안(扶安)의 것이 가장 좋다고 기록되어 있다. 전라도 지방에 서는 폐백상에 폐백닭이 빠지지 않고 꼭 올라가는데 마른 오징어로 깃털을 만들어 닭에 옷을 입힌 오징어 오림 닭은 솜씨에 따라 생동감 있고 살아 움직인 듯한 폐백 닭이 완성된다. 오징어는 말린 지 오래되지 않은 오징어로 분이 희고 곱게 난 것을 사용하고 깃털은 섬세하게 잘라 표현해야 하며 수탉에는 대추를 물리고 암탉에는 밤을 깎아 물린다.

한지 오림 닭

예부터 전주 지방에는 한지가 발달하였고 각각의 색을 물들이는 염색 기술도 뛰어나 홍화염지, 천근염지, 지초염지, 감염지, 치자염지, 청태염지 등 자연색으로 물들인 한지는 그 색이 매우 아름답다. 이러한 한지를 이용하여 깃털모양으로 잘라 닭에 옷을 입힌 한지폐백닭은 폐백상에 한 쌍을 준비하여 올린다.

수탉을 꾸밀 때는 남색 한지를 잘라 찐 닭 몸통을 싸주고 꼬리를 달며, 가슴과 목 주위는 홍색과 연두색으로 번갈아가며 붙여주어 수탉을 화려하게 장식하여 대추를 물린다. 암탉을 꾸밀 때는 홍색 한지를 잘라 찐 닭 몸통을 싸주고 꼬리를 달며, 가슴과 목 주위는 노란색 한지로 붙여 암탉의 단아함을 보여주며 밤을 물린다.

오징어 오림 닭

한지 오림 닭

다) 이바지음식

신랑 신부를 맞이할 때 양가에서 마련한 큰상, 고임음식이 각각 신랑과 신부집으로 상수(床需)라 하여 보내지던 풍속이 시대변천에 따라 차츰 사라져 가고, 그것이 이바지음식으로 주고받는 풍속으로 이어지고 있다. 신부 댁 음식 솜씨인 맛, 간, 모양새 등에 대해 이바지음식을 보고 시어머니가 알아서 새 며느리의 음식 지도에 참고로 하였다. 시댁에서도 곁상 등의 반상을 내려 신부가 맛을 봄으로써 시댁과의 음식의 차이를 좁히는 데 참고 자료가 되게 하였다.

서울 · 경기 지방의 이바지음식
약식, 해산물찜(민어, 도미, 조기), 엿, 장어구이, 각색전, 전복찜, 구름떡, 삼색경단, 너비아니, 꽃송편, 밑반찬(장과, 명란젓, 소라젓), 강정, 약주

개성 지방의 이바지음식
산자, 갈비찜, 모약과, 개성 우메기, 해산물찜(대합, 대하, 소라), 인삼, 더덕, 도라지정과, 해산물찜(민어, 도미, 조기), 오쟁이떡, 엿, 장어구이, 각색전, 개성식 강정, 젓갈, 홍해삼, 해산물초, 약주

갈비찜

소갈비에 무나 표고버섯 등의 채소를 넣고 갖은 양념을 하여 국물을 붓고 은근한 불에서 오래 끓인 찜이다. 1800년대 말 『시의전서(是議全書)』에 '가리찜'으로 소개되어있다. 남녀노소 누구나 좋아하며 주로 명절이나 잔칫상에 빠짐 없이 오르는 음식이다.

도미찜

도미는 살이 단단하고 모양이 보기 좋으며 맛도 있어 생선 중에서도 고급으로 여기는 생선이다. 도미찜은 궁중의 어상(御床)이나 큰 연회상(宴會床)에 올렸으며, 혼례 때 이바지음식으로 귀하게 쓰였다. 조리법도 다양한데, 교자상이나 연회상을 빛내기 위하여 원통으로 찜을 하고 고명을 올려 화려하게 만들었다.

소갈비찜

해산물찜

인삼정과

정과(正果)는 『조선무쌍신식요리제법(朝鮮無雙新式料理製法)』(1943)에 "정과를 무릇 이름난 나무 열매(名果)와 아름다운 풋열매를 꿀에 달여서 볶은, 즉 가히 신 것도 없어지고 오래 두나니, 중국에서는 밀전과(蜜正果)라 하고 여기서(우리나라)는 정과라 한다"고 하였다.

수삼정과는 보통 인삼정과라고 하며 수삼을 잠깐 데쳐 쓴맛을 제거하여 물과 설탕을 함께 넣고 약한 불로 조리다가, 물이 거의 졸았을 때 꿀을 넣어 다시 한 번 더 조린 음식이다. 예전에는 수삼 껍질을 벗긴 뒤 한소끔 삶아 꿀물에 조려 만들기도 하였다.

더덕구이, 도라지자반

더덕구이는 더덕을 길이로 2등분하여 펴서 소금물에 쓴맛을 빼고 유장을 발라 애벌구이를 한 후 고추장 양념장을 발라 석쇠에 굽는다.

도라지자반은 도라지를 손질하여 간장이나 고추장에 재웠다가 밑반찬으로 사용한다.

인삼정과

더덕구이, 도라지자반

오색국수

밀가루에 치자 물, 백년초 가루, 쑥 가루, 흑미 가루 등을 넣고 반죽하여 오색으로 만든다. 이바지음식을 보낼 때 오색국수를 뽑아 말려서 건면(乾麵)으로 보내는데 천연재료로 오색을 내어 몸에도 이롭고 색도 은은해 잔치의 흥을 돋우고 축하의 의미를 갖는다. 예전에는 주로 메밀국수를 만들어 보냈다.

각색전

전(煎)은 일반적으로 고기, 채소, 생선 등의 재료를 다지거나 썰어서 밀가루와 달걀로 옷을 입혀 프라이팬에 기름을 두르고 양면을 지져 낸 음식이다. 전유화(煎油花), 전유어(煎油魚), 저냐라고도 하였으며, 모양이 아름다워 예부터 잔칫상에 빠지지 않고 올렸다.

오색국수

각색전

밑반찬

이바지음식을 준비할 때 밑반찬은 어리굴젓, 명란젓, 오징어젓갈 등 저장성이 좋은 것을 선택해 담아 보낸다. 명태알이나 굴, 오징어 등을 손질해 젓갈로 만든 것을 고춧가루, 마늘 등으로 양념해서 작은 항아리에 담아 보내는 찬품이다.

오색쌀엿강정

멥쌀을 삶아 말려 기름에 튀겨서 엿물에 버무려 반대기를 지어 썰어 놓은 한과이다. 이바지음식으로 보낼 때 엿물에 치자나 오미자, 계핏가루, 파래 가루 등의 천연색소를 같이 버무려 오색의 강정을 만들고 위에 대추나 석이버섯, 잣으로 색스럽게 고명을 올려 정성스럽게 담아 보낸다.

밑반찬(어리굴젓, 명란젓, 오징어젓갈)

오색쌀엿강정

꽃송편

꽃송편은 솔잎을 사용한 데서 유래되는 송병(松餠)에 여러 가지 색색의 반죽으로 꽃모양을 내어 쪄 낸 것으로 매화꽃송편이라고도 한다. 추석 때 거의 모든 지방에서 햇곡식으로 빚는 명절 떡이지만 특히 꽃송편은 치자, 쑥, 송기, 포도즙, 오미자즙, 도토리가루 등을 이용하여 오색으로 여러 가지 모양으로 빚어낸 화려한 떡이다.

증편

여름 복중(伏中)의 떡으로 쌀가루를 술로 반죽하여 부풀게 한 다음 둥근 증편틀에 담고 대추, 밤, 실백, 석이버섯 등으로 고명을 얹어 찐 떡이다. 기주떡, 기증병, 기지떡, 술떡, 벙거지떡 등 지방마다 이름이 다르며, 술을 사용하므로 빨리 쉬지 않아서 여름에 만들어 먹기 좋다.

꽃송편

증편

라) 구고예지(舅姑禮之)

새로 맞이한 며느리에게서 폐백을 받은 시부모가 새 며느리를 맞이하는 환영과 감사의 표시로 큰상(고임상)을 괴여 신부 앞에 차려 주는 것을 구고예지라 한다. 구고예지의 절차는 한 가정의 부모로서 자손의 혼례를 대례(大禮)로 경축하고, 새 며느리를 마음으로 환영하는 조선시대 가부장권 하의 대가족의 규범 정신이 함축된 것이다.

구고예지의 큰상 차림은 밤, 대추, 잣, 호두, 은행, 사과, 배, 곶감, 다식, 약과, 강정, 산자, 마른 전복이나 문어로 꽃처럼 오린 것, 떡, 편육, 전과 같은 여러 가지 음식을 높이 괴여 올려서 차린다. 큰상은 높이 올려다 본다 하여 망상(望床)이라고도 하는데 헌수(獻壽)의 예가 끝날 때까지 헐지 않는다. 그러므로 큰상을 받는 사람이 먹을 수 있도록 그 앞에 장국상을 차린다. 이것을 입맷상이라 하고, 궁중의례에 관한 기록에는 미수(味數)라 하였다.

입맷상은 국수장국, 신선로, 찜, 편육, 회, 냉채, 잡채, 한과, 떡(편), 화채 등 여러 음식을 차린다.

입맷상

국수장국

국수는 잔칫날의 대표적인 음식이라 할 수 있으며, 조선왕조의 「연향식의궤」에서 1765년부터 1902년까지 등장하는 찬품이었다. 잔칫날에는 그날의 뜻을 오래도록 기린다는 뜻에서 길게 연결된 국수를 먹는 풍습이 있다. 평안도에서는 냉면을 하고, 서울 이남에서는 대체로 더운 장국에 말아 먹는 온면으로 한다.

신선로

'입을 즐겁게 해준다'고 하여 열구자탕(悅口子湯)이라고도 하는데 구자탕, 구자, 열구자, 탕구자라고도 하였다. 신선로는 전골류의 대표적인 음식으로 조리서에 가장 많이 기록되었으며, 조선시대 궁중연회음식을 기록한 의궤에서도 열구자탕, 면신선로, 탕신선로로 기록되었다. 신선로는 산해진미를 모두 차곡차곡 담은 후, 육수를 부어 익히는 것으로 여러 가지 맛과 영양소를 함께 섭취할 수 있다.

신선로는 간, 천엽, 생선, 알지단, 표고, 석이, 미나리 등으로 전을 부쳐 신선로 틀에 맞춰 썰고 신선로 틀에 소고기를 썰어서 양념한 것과 각종 전의 부스러기를 밑에 깔고, 여러 가지 전유어를 색 맞추어 돌려 담은 후, 그 위에 호두, 은행, 잣, 소고기 완자 등을 고명으로 얹고, 육수를 부어 즉석에서 익혀 먹는다.

국수장국

신선로

마) 현우존장례(見于尊長禮)

신부가 시댁 어른을 뵙고 기타 가족들과 인사하는 예이다. 만일 시부모에게 어른이 계시면 구고예지가 끝난 다음 신부를 거느리고 어른의 방에 가서 뵙는다.

바) 궤우구고(饋于舅姑)

신부집에서 음식상을 차려 신랑집으로 보내는 예도 있었는데, 『사례편람』에서는 이를 궤우구고라 하며 "이날 식사시간이 되면 며느리 집에서 음식과 술을 융숭하게 차려서 며느리 종자를 시켜 방에 차려 놓는다. 시부모가 자리에 앉으면 며느리는 손을 씻고 잔에 술을 부어 시아버지 상에 놓고 내려가 있다가 시아버지가 다 마시기를 기다려 절을 한다. 시어머니에게도 이와 같이 하고 다음으로 밥과 국을 가져다가 시부모께 올린다. 며느리는 시어머니 뒤로 가 서서 기다리는데, 식사가 끝난 다음에 시자가 상을 걷어 다른 방으로 치운다"라고 하였다.

사) 구고향지(舅姑饗之)

시부모가 며느리의 상을 받았으므로 며느리에게 상을 내리는 것을 말한다. 우리나라의 전통관습에 "새 며느리에게 큰상을 차려줬다"는 그 큰상이 구고향지이다.

아) 문안(問安)

신부가 아침과 저녁에 시부모에게 인사를 드리는 일을 문안이라고 한다. 고례에는 어른을 모시는 동안은 평생을 혼정신성(昏定晨省)이라고 해서 조석으로 문안을 드렸으나, 요사이는 3개월, 1개월, 7일 혹은 3일간 등으로 기간을 정해 문안을 받고 그 이후에는 평상생활로 옮겨간다. 문안하는 방법은 신부가 곱게 성장하고, 시부모가 일어나 세수하시기를 기다려 방으로 들어가서 절하고 뵈오며, 저녁에도 주무시기 전에 그렇게 한다.

(7) 근친(覲親)과 재행(再行)

신부가 시댁에 들어간 후 처음으로 친정에 가서 부모를 뵙는 것을 근친이라 하고, 신랑이 다시 처가에 가는 것을 재행이라 한다. 이때 시부모는 며느리가 친정 부모에게 드릴 예물(술, 과일, 음식류)을 준비해 보낸다. 옛날에는 시집간 지 만 1년 만에, 주로 첫 농사를 지어 수확한 다음, 술과 떡을 장만해 가지고 친정에 첫 나들이를 하여 친정 부모에게 인사를 드렸다. 이를 '초근친'이라 하였다. 근친을 가면 보통 한 달 이상을 친정에서 머무는 것이 상례였다. 그것은 신부에 대한 일종의 위로 휴가와도 같은 것으로서, 근친이 끝나야만 비로소 모든 혼례절차가 끝나는 것이다.

재행한 그날 저녁 처가 마을의 청년들이 모여 신랑을 끌어다 놓고 여러 가지 문초를 한다. "왜 남의 마을 처녀를 훔쳐 갔느냐?", "고래지풍(古來之風)을 아느냐?", "육례를 아느냐?", "색시 값은 얼마나 낼 작정이냐?" 등등의 문초를 하며, 때로는 신랑을 거꾸로 매달아 놓고 빨래 방망이로 신랑의 발바닥을 내려치기도 한다. 이는 풍족한 술과 안주를 내오게 하기 위한 수단이다. 한 상이 잘 차려지면 거기에 모인 마을 청년들과 신랑이 함께 먹고 마시며 안면을 익히고 친밀한 정을 나눈다. 이를 '신랑 달아먹기' 또는 '동상례(同床禮)'라 한다.

다. 현대 혼례예식

1) 현대 혼례예식과 절차

(1) 현대 혼례예식의 변천

구한말(舊韓末)과 개화기를 맞으면서 서구 문화와 일본 통치의 영향으로 우리나라 혼례는 변화를 겪었다. 이른바 '신식 혼례'이다.

우리나라에서 최초로 신식 예식으로 혼인을 한 사람은 일본 경도제대(京都帝大) 출신 변호사 김우영(金雨英)과 동경여자미술학교 출신 화가 나혜석(羅蕙錫)이라는 설이 있다. 이들은 1920년 4월 15일에 서울의 정동예배당에서 서양식의 모닝코트와 면사포를 쓰고 혼인식을 올렸다. 혼인식장도 신부나 신랑집이 아닌 제3의 장소로 하였으니 파격적인 일이었다.

이로부터 서울 사람들은 신식 혼인을 유행처럼 따르게 되어, 식장으로 예배당·절·부민관(府民館: 시민회관), 동아일보와 조선일보 등 신문사 강당 또는 식도원(食道園)·명월관(明月館) 등의 요릿집에서 호사스런 혼례식을 올렸다.

신식 예식이 들어와 민간에 정착되면서 많은 저항이 있었다. 전통을 고수하려는 집안에서는 이를 반대하여 혼담이 오갈 때 예식

1951년 결혼사진

을 어떻게 할 것인가 하는 문제가 의혼(議婚)의 전제 조건으로 되기도 하였다. 그 갈등은 해방인 후인 50년대까지도 계속되었다.

우리나라에 전문 혼례식장이 출현한 것은 1930년대라 한다. 번잡스런 전통 혼례를 간소화하자는 운동으로 생겨난 것이다.

광복 이후 특히 1960년대 산업화로 이어지면서 한국사회의 혼수관행은 급격한 변화를 겪었다. 여전히 전통 혼례가 보편적이었던 광복 이전의

근대 결혼사진 1

여성들은 의류나 장신구 등 개인적 소모품이 혼수의 대부분이었고, 그 양이나 질도 일부 계층을 제외하고는 미미했다. 그러나 1960년대 이후 자본주의적 산업화는 전반적인 사회적 부의 증가와 함께 정치 및 경제 구조, 계층 구조의 재편성을 가져왔

근대 결혼사진 2

다. 즉, 급격히 양산된 신흥 부유층이 사회적 인정을 받기 위한 욕구로 과시 소비를 하는 속성이 생기고, 이러한 불건전한 소비관행은 혼수관행에도 영향을 미쳐 혼수 비용의 비정상적 증가를 가져왔다.

농촌에서도 1970년대 이후 전통 혼례가 사라지게 되고, 예식장을 빌려 혼인식을 하는 것이 보편화되었다.

(2) 예식장에서 행하는 현행 혼례절차

현대식 혼례는 개화기 이후 신식 혼인식이 이 땅에서 시작되면서 한 형식을 갖추게 되었다. 혼인식 장소는 가정에서부터 교회나 공공장소로 옮겨졌고, 전문예식장이 생겨나게 되었다. 예식절차는 조금씩 차이는 있으나 혼인 서약과 성혼 선언이 중시된다. 신식 혼례는 전통적인 절차와 전혀 다르게 치러지지는 않는다. 혼인을 위한 의혼 단계에서 중매를 하는 경우도 있지만 혼인 당사자가 배우자를 선택하는 '연애'의 비율이 더 높아지고 있다. 그리고 중매의 경우는 이를 전문적으로 수행하는 신종 직업과 결혼상담소를 이용하는 경우도 많다.

납채에 해당하는 절차는 약혼식으로 바뀌었다. 약혼식은 신랑의 집이나 신부의 집에서 하는 경우도 있지만 대부분이 외부 장소를 이용한다. 약혼식의 진행순서는 일반적으로 개식사 – 예비 신랑 신부 입장 및 기념초 점화 – 인사 – 양가 가족 소개 – 축배 – 축가 및 축하연주 – 축전낭독 – 양가대표 인사 – 식사시간 – 여흥 – 폐식 – 사진촬영의 순서이다.

그러나 양가 가족만이 모여 신랑 측에서 사주를 준비하여 전하고 간단한 식사와 예물을 교환하고 사진을 촬영하는 것으로 대신하는 경우도 있고, 예비 신랑 신부가 사진촬영만 하는 것으로 대신하기도 한다.

예식 날을 잡으면 약 일주일 전에 함을 보낸다. 이때는 신랑의 친구들이 함을 가지고 가는데, 함 팔기를 거창하게 한다. 이로 인해 실랑이를 하는 경우도 있고, 이웃집에 피해를 주는 경우도 있다. 함을 지는 함진아비는 아들을 낳고 부부 금실이 좋은 친구가 하는데, 얼굴에 오징어 가면을 쓴다거나, 함을 판다는 핑계로 너무 많은 비용을 요구하여 시비가 되는 수도 있는데, 이러한 폐습은 시정되어야 한다.

다음에는 예식에 초청할 사람들에게 청첩장을 띄우는데, 인쇄소 등에서 미리 마

현대 청첩장

련해 둔 카드 형식의 청첩장을 이용한다. 여기에 초대의 글과 당사자 이름 등을 인쇄하여 신랑과 신부가 나누어 각각 친지들에게 발송한다. 친인척의 경우에는 주로 전화 등을 이용한다.

예식장은 주로 신랑의 연고와 관계있는 곳으로 정하는 경우도 있지만, 양가의 합의로 정한다. 예식의 순서는 다음과 같다.

예식의 순서

1. 개식사	10. 주례사
2. 사회자 인사	11. 축가 및 축하 연주
3. 신랑 신부 어머니의 촛불 켜기	12. 신랑 신부 양가 부모에게 인사
4. 주례 소개 및 인사	13. 신랑 신부 내빈에게 인사
5. 신랑 입장	14. 축전 낭독
6. 신부 입장	15. 신랑 신부 행진
7. 신랑 신부 인사	16. 폐식
8. 혼인 서약	17. 사진 촬영
9. 성혼 선언과 성혼 선언문 낭독	18. 폐백

폐백을 하는 동안 하객들이 정해진 식당에서 식사를 하면 폐백을 끝낸 신랑 신부가 하객들에게 인사한다. 이것이 끝나면 신랑 신부 친구들이 별도로 모여 재행 때 행하는 동상례(東床禮)를 행한다. 옛날처럼 신랑 다루기를 하는 것이 아니라 신랑과 신부를 함께 다룬다. 이것이 끝나면 신혼여행을 한다.

신혼여행에서 돌아오면 먼저 신부집으로 향해 하룻밤을 묵고, 신랑집으로 가서 3일 동안의 문안 인사를 행한다. 약 2~3일을 묵고 나면 장남이든 차남이든 신랑이 부모와 함께 살지 않을 경우 분가를 한다.

2) 기독교식 혼례

혼인의 본질은 처음부터 증인들 앞에서 자유롭게 동의하는 하나의 계약이었다. 대부분의 전통적 개신교 혼인식은 그 뿌리가 중세의 혼인형식을 채택하고 있는 '공동기도(Book of Common Prayer)'에 있다. 혼인식은 어떤 다른 의식보다 종교 개혁의 영향을 거의 받지 않았다. 이 전통적 혼인식에서 네 가지 중요 부분을 찾아볼 수 있다.

첫째, 권면(Exhortation)으로 시작된다. 이는 왜 이 예식을 드리는지를 말하는 것으로, 혼인에 대한 성경 구절을 인용한다. 또한 혼인 약정의 목적에 대해 전통적 진술이 행해진다.

둘째, 의중의 선언(Declaration of Intention)이다. 이 선언에서 두 사람은 의중을 표현하고 가정생활의 책임을 인정해야 한다.

셋째, 서약(Vows)을 한다. 손을 들고 "지금부터 계속해서 행복할 때나 부유할 때나 가난할 때나 병들었을 때나 건강할 때나 변치 않고 약속을 지키며 죽음이 우리를 갈라놓을 때까지 사랑하고 아껴주겠습니다"라고 서약한다.

넷째, 폐회기도와 축복(Blessing)이 들어간다. 혼인한 쌍이 교회 밖에서 일반 혼인을 했다면 예배에서 축복을 받아야 한다. 축복은 혼인에 성공하기 위해서 하나님의 은혜가 필요한 것이다.

3) 천주교식 혼례

혼인은 출생과 죽음이라는 사건과 더불어 한 인간에게 중대한 의미를 가진다. 혼인은 한 인간의 자유로운 결단에 따라 행해지는 사건이라는 독특한 성격을 가지고 있다. 또 혼인은 당사자들만의 문제가 아니라 사회적으로도 큰일이다. 그래서 교회는 혼인을 신성시하고 이를 혼인성사로 실천하고 있는 것이다.

천주교식 혼례는 성당에서 신부를 모시고 의식을 거행하며, 신랑 신부가 가톨릭 신자여야 하고, 혼인식은 엄격한 성교예규에 따라 진행되는데 이혼이 인정되지 않는다. 혼인 당사자와 부모는 일단 본당 신부를 찾아가 사전에 준비와 예식에 대한 지도를 받아야 한다. 그리고 두 사람의 몸과 마음이 하나가 되도록 축복하는 혼례미사를 올린다. 혼배미사는 '시작예식 – 말씀전례 – 혼인예식(신랑신부서약, 반지축성, 예물교환, 성혼선포) – 성찬전례 – 영성체예식 – 마침예식'의 순으로 진행된다.

4) 불교식 혼례

불교용어로는 혼인식을 화혼식이라고 하며, 사찰에서 올리는 결혼식은 신랑 신부가 불교인이 아니어도 가능하고 비용 또한 저렴하다. 혼인식은 사찰의 본당인 대웅전에서 행하는데 정면으로 불단 바로 앞에 사혼자(司婚者)인 스님의 조석(造席)과 우편에 신랑, 좌편에 신부가 자리하고 양가의 친족석이 마련된다. 사회 겸 주례는 사혼자인 스님이 맡는데, 불교에서는 신랑을 우바새, 신부를 우바이라고 칭한다.

02
수연례(壽宴禮)

　수연이란 오래 산 것을 축하하는 잔치를 말하며, 60세 이상을 사신 웃어른의 생신에 손님을 청하고 잔치를 베푸는 것을 일컫는다.

　수연례(壽宴禮)란 아랫사람들이 상을 차리고 생신을 맞으신 웃어른께 술을 올리며 더욱 장수하시기를 기원하는 의식을 말하며 헌수례(獻壽禮)라고도 한다.

　고례(古禮)에는 수연례란 말이 없고 헌수가장례(獻壽家長禮)라 했다. 수연에 속하는 것은 회갑(回甲), 고희(古稀), 희수(喜壽), 미수(米壽)가 있다. 회갑은 60주년 생신이며, 고희(古稀)는 70세이고, 희수는 77세이며, 미수는 88세이다.

　수연 범절은 대개의 경우 자녀들의 효심으로 마련되며, 진갑(進甲)이란 회갑(만 60세) 다음해의 생일을 말하는 것이다.

　수연(壽宴=壽筵)을 좀 더 자세히 말하면 회갑이나 고희, 희수, 미수도 모두 생일잔치인 것이나 60세까지의 사이에 행해지는 생일잔치를 수연(晬宴)이라 하고, 61세, 즉 회갑(回甲) 이후에 행해지는 진갑, 고희, 희수, 미수 등의 행사는 수연(壽宴)이라고 한다.

　옛날에는 꼭 그 생일날에 잔치를 행하지 아니하고 계절과 날짜를 좋은 날로 택일하여 시행하는 예가 많았으며, 또한 택일을 할 경우에는 실제의 생일을 넘기지 아니하고 그 생일 전의 시기를 택하는 것이 보통이었다. 또한 이렇게 환갑이 되신 어른의 실제 생일 전에 날짜를 택일하여 잔치를 시행하였을 때는 그 후 실제의 생일이 돌아오면 그날에도 그냥 넘기기가 아쉬워서 가족들끼리 생일상을 차리기도 했다.

생일(生日)을 이르는 말(60세 이상)

명칭	나이	구분하는 말(달리 쓰는 말)
육순	60세	육순(六旬), 예순살
회갑	61세	회갑(回甲), 환갑(還甲), 주갑(周甲), 화갑(花甲), 화갑(華甲)
진갑	62세	진갑(進甲), 진갑(陳甲)
이수	66세	미수(美壽)
칠순	70세	칠순(七旬), 고희(古稀), 희연(稀宴), 희경(稀慶)
망팔	71세	망팔(望八)
희수	77세	희수(喜壽)
팔순	80세	팔순(八旬)
망구	81세	망구(望九)
미수	88세	미수(米壽)
졸수	90세	졸수(卒壽)
백수	99세	백수(白壽)
다수	108세	다수(茶壽)

가. 수연의 종류

아랫사람이 태어난 날은 생일(生日)이라 하고 웃어른의 생일은 생신(生辰)이라 한다. 웃어른의 생신에 자손들이 술을 올리며 장수를 비는 의식이 수연이므로 아랫사람이 있으면 누구든지 수연례를 행할 수 있다.

그러나 수연례를 행하려면 어른의 나이가 60세는 되어야 했고, 그러므로 이름을 붙일 수 있는 것은 60세 생신부터였다. 육십갑자(六十甲子)를 일절(一節)로 하여 사람이 60세를 살면 "인생 일절을 살았다"하고 특별히 이름을 붙여 종류를 나누었다.

1) 육순(六旬)

60세 때의 생신이다. 육순이란 열(旬)이 여섯(六)이란 말이고, 육십갑자를 모두 누리는 마지막 생일을 말한다.

우리나라 나이로 60세(만 59세)가 되는 생일에 가까운 친척 친지들을 초대하여 잔치를 베풀고 부모의 만수무강을 빌었다.

2) 회갑(回甲)

61세 때의 생신이다. 60간지(干支)가 60년 만에 한 바퀴 돌아온다는 뜻에서 온 것으로 환갑(還甲), 주갑(周甲), 화갑(花甲), 화갑(華甲)이라고도 한다. 이날을 맞으면 자녀들이 부모에 대한 은혜와 위로를 드리는 도리로 친척과 친지들을 초청하여 잔치를 베풀며 하객들은 회갑을 맞은 사람에게 더욱 장수하시기를 기원한다.

사대부가의 회갑연

환갑을 맞이하는 사람은 자손들이 새로 지어드린 의복을 입고 배우자와 동반하여 자리에 앉는다. 그러면 삼현육각(三絃六角)의 풍악이 은은히 연주된다. 큰아들은 부부 동반하여 환갑상 앞으로 나아가 큰절을 하고 부모에게 술잔을 올리고 다시 큰절을 한다. 다음에는 자손들이 항렬순, 연령순으로 각각 헌주를 올리고 큰절을 한다.

직계자손이 끝나면 혈연관계가 있는 일가친척이 항렬순, 연령순으로 각각 헌주하고 큰절을 한다.

환갑을 맞는 사람은 부모가 생존하실 경우 색동옷을 입고, 부모에게 절을 하고, 어린애처럼 기어 다니며 재롱을 떨기도 하는 풍속이 있었다. 잔칫집에서는 떡과 술과 특별한 음식으로 차린 상으로 손님에게 대접한다. 뿐만 아니라 회갑을 며칠 앞두고 수연 시(壽筵詩)의 운자(韻字)를 내서 친척이나 친지에게 알려 시를 짓게 하여, 잔칫날 이를 발표하여 흥을 돋우었으며, 이 시를 모아 수연수첩(壽宴手帖)을 만들어 자손 대대로 전하기도 한다.

수연상

회갑잔치

평생도 – 회갑

3) 진갑(進甲)

진갑은 환갑 이듬해 맞는 생일을 말하며 진갑(陳甲)이라고도 한다. 다시 60갑자가 펼쳐져 진행된다는 뜻으로 회갑 다음해, 즉 62세 때의 생신에 육순 잔치 때처럼 간단한 음식을 차려 손님을 대접하고 부모를 기쁘게 해드린다. 이것이 진갑 잔치이다.

4) 미수(美壽)

66세 때의 생신이다. 옛날에는 66세의 미수를 별로 의식하지 않았으나 77세, 88세, 99세와 같이 같은 숫자가 겹치는 생신을 이름 붙이면서 66세를 그냥 지나칠 수 없어 지칭하기 시작했다.

또한 현대에는 직장의 정년을 대개 만 65세로 하는 일이 있기 때문에 66세는 모든 사회활동이 성취되어 은퇴하는 나이라고 여겨, 아직은 여력이 있으니 참으로 아름다운 나이이므로 '미수(美壽)'라고 한다. '美(미)' 자는 六十六을 뒤집어 쓰고 또 바로 쓴 자이므로 그렇게 이름을 붙였다고도 한다.

5) 희수·칠순(稀壽·七旬)

70세 때의 생신이다. 두보(杜甫)의 곡강시(曲江詩)에 나오는 '인생칠십고래희(人生七十古來稀)'에서 '희수'란 말이 생겼다. 사람이 70세까지 살기는 어렵다는 뜻에서 생긴 것이 희수라 한다면, 이는 오복 중의 한 가지인 수(壽)는 갖추었다는 뜻이다.

그러나 자손이 된 입장에서는 "부모가 너무 오래 살았다"는 말이 되기 때문에 '희수'는 좋은 표현이 못된다. 그러므로 열이 일곱이라는 '칠순(七旬)'이라고 지칭하는 것이 바람직하다.

6) 희수(喜壽)

77세가 되는 생신에 간단한 잔치를 하는데 이를 희수연(喜壽筵)이라 한다. '喜' 자를 초서로 쓰면 七十七이 된다. 거기에서 유래된 것이다.

7) 팔순(八旬)

80세 때의 생신이니 열이 여덟이란 뜻이다. 팔십을 '생수(牲壽)'라고도 한다.

8) 미수(米壽)

88세가 되는 생신에는 미수연(米壽筵)을 차리고 축수한다. '米' 자를 파자할 경우 '八十八'이 되기 때문이다. 임금은 미포(米布)를 하사하고 원님이 직접 거동하여 축수의 잔을 올리기도 했다. 미수를 넘긴 노인이 있으면 인근 마을에서 찾아와 떡을 얻어먹기도 했는데, 이때의 떡을 미수떡이라 하여 이 떡을 먹으면 장수한다고 했다.

9) 구순(九旬)·졸수(卒壽)

90세 때의 생신이다. '졸(卒)' 자를 초서로 쓰면 九十이라서 졸수라 하는데 '卒'

이란 '끝나다, 마치다'의 뜻이므로 그만 살라는 의미가 되어 버린다. 이는 자손된 입장에서 결코 입에 담을 수 없는 말이므로, 열이 아홉이라는 뜻의 '구순(九旬)'이라고 칭하는 것이 좋다.

10) 백수(白壽)

99세 때의 생신이다. '백(白)' 자가 '백(百)' 자에서 '一'을 뺀 글자이기 때문에 99세를 '백수(白壽)'라고 말한다.

11) 회혼례(回婚禮)

혼인한 지 60주년을 맞은 부부가 자손들 앞에서 혼례복을 입고 60년 전과 같은 혼례식을 올리면서 '해로 60년'을 기념하는 의례이다. 수명이 짧았던 과거에는 회혼례가 아주 보기 드문 일이었으므로 뭇사람의 부러움의 대상이 되기도 했다. 회혼례는 수연은 아니나 역시 나이가 많이 들어야 맞는 경사이므로 명칭은 혼인한 회갑이란 뜻에서 회혼이라 한다.

친척·친지들을 초대하여 성대한 잔치를 베풀고 부모의 회혼(回婚)을 축하한다.

혼인례 기념일의 명칭

혼인주년	기념일의 명칭
1주년	지혼(紙婚)
5주년	목혼(木婚)
7주년	화혼(花婚)
10주년	석혼(錫婚)
12주년	피혼(皮婚)
15주년	동혼(銅婚)
20주년	도자혼(陶瓷婚)
25주년	은혼(銀婚)
30주년	상아혼(象牙婚)
35주년	비취혼(翡翠婚)
40주년	모직혼(毛織婚)
45주년	견혼(絹婚)
50주년	금혼(金婚)
60주년	회혼(回婚), 금강석혼(金剛石婚)
75주년	다이아몬드혼(미국)

회혼례의 모든 절차와 방법은 수연과 같은데 다른 점은 부부가 모두 살아 있어야 한다는 것과 당사자의 복장을 혼례복으로 한다는 것이다.

회혼례 1

회혼례 2

평생도 – 회혼례

나. 수연 청첩장(壽宴請牒狀)

수연을 당하여 이에 초대되는 사람들에게는 회갑을 당하신 분의 자녀들이 청첩장을 내는 것이다. 청첩장의 서식은 직접 창작한 문안으로 할 수도 있으나, 그렇지 않을 경우에는 다음의 서식을 따른다.

수연 청첩장 (한글식)

○○○님께
삼가 아뢰옵니다.
이달 ○○일은 저의 아버님(또는 어머님)의 회갑이옵기로 자식된 기쁨을 만분의 일이라도 나타내고자 변변치 못한 자리를 마련하오니 그날 오전(또는 오후) ○시까지 저희 집으로 와 주시면 영광이겠습니다.

○○○년 ○월 ○일
○○○올림

수연 청첩장 (국한문 혼용식)

근계 시하 　　　　　고당
謹啓 時下 ○○○○(시후 문구 삽입)에 高堂의
존체금안　　　가내제절　태평　양축
尊體錦安하시옵고 家內諸節이 두루太平하심을 仰祝하나이다.
　　　월　　일　가친　　자친
오는 ○○月 ○○日은 家親 또는 慈親의
　　회갑　　자식 도리　　　　수연
回甲이옵기로 子息된 道理와 그 기쁨을 표하고자 壽宴을
약설　　귀하　초청　　　당일오전
略設하옵고 貴下를 招請하는 바이오니 當日午前 10시에
왕림　　　　영광
枉臨하여 주시면 榮光으로 생각하겠습니다.

○○○年 ○○月 ○○日
배상
○○○ 拜上
귀하
○○○ 貴下

축하 단자

○○○ 선생님께
삼가 수연을 축하하나이다.

○○○(기념품명)
○○년 ○월 ○일
○○○올림

祝壽宴

○○○(物目)
○○年 ○月 ○日
○○○ 謹呈

○○○氏 尊下

봉투 서식

앞면

祝
壽
宴
○
○
○
先
生
宅
吉
宴
所
入
納

▲단자를 써 넣었을 때

祝
壽
宴
○
○
○
先
生
宅
吉
宴
金
○
○
○
入
納

▲봉투만 쓸 때

뒷면

○
○
○
謹
呈

다. 수연 연회장의 배치

북쪽이 상좌이나 상좌로 정한 곳을 북쪽이라 한다. 즉, 북향이거나 동향이거나 상관없이 앉은 곳을 북이라 한다. 북쪽이 출입구이거나 불편한 곳이면 출입문 안쪽으로 상좌를 정하면 된다.

상좌(북쪽)에 병풍을 치고, 병풍 중앙 남쪽의 동쪽에 남자 어른, 서쪽에 여자 어른의 좌석을 마련하고, 어른 앞 남쪽에 큰상을 차리고, 큰상의 남쪽 중앙에 술상을 놓고, 술상의 동쪽에 어린 남자 서쪽에 어린 여자가 서고, 술상의 남쪽에 절하는 자리를 깔고, 자리의 동쪽에 남자 자손 서쪽에 여자 자손이 위치하고, 큰상의 서쪽에 집례(사회)가 자리 잡고, 자손들의 남쪽에 동쪽은 남자 손님 서쪽은 여자 손님의 상을 차린다.

만일 수연 당사자에게 웃어른이 계시면 큰상의 동쪽에 서향으로 상을 따로 차려 남자 웃어른이 위치하고, 서쪽에 동향으로 상을 따로 차려 여자 웃어른이 위치한다.

수연례 연회장 배치도

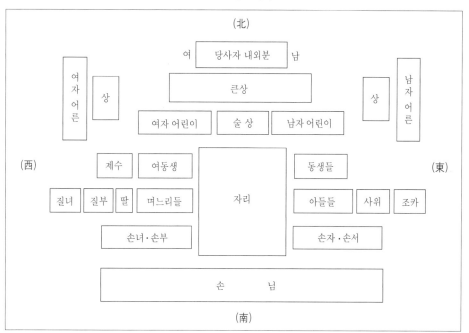

라. 수연 상차림

1) 진설 방법

지방이나 가풍에 따라 다르지만 대개 앞쪽에는 실과류, 옆줄에는 편류, 뒤쪽에는 적을 놓는다.

기제사 때와는 정반대로 진설하며, 진설 요령은 다음과 같다.

- 교자상에는 식탁보 또는 흰 종이를 깐다.
- 교자상 중앙이나 적당한 곳에 상화를 운치 있게 놓는다.
- 주식은 각자의 앞에, 후식은 주식 다음에 놓거나 상이 좁으면 식사 후에 내놓는다.
- 그 외의 음식은 영양과 색채, 우리 고유의 풍미를 고려하여 차례로 차리고 과일류는 맨 나중에 차린다.
- 고임 접시는 바닥에 쌀을 한 줌 채워 편평하게 한 다음 한지로 싼다.
- 은행은 껍질을 까서 볶고 대추는 실백을 박고 실에 꿰어 괸다.
- 과일은 위아래를 칼로 따서 쌓으며 맨 앞에 놓는다.
- 과자류는 한지를 붙여 가며 쌓는다.
- 괴어 담는 그릇의 수와 높이는 홀수로 하며 일반적으로 다섯 치, 일곱 치, 아홉 치 등으로 한다.
- 떡 종류는 양 옆쪽에 놓으며, 적·전 등은 뒷줄에 놓는다.
- 음식을 한 층 한 층 괴어 올릴 때마다 안전하게 고정될 수 있도록 접시보다 작은 크기로 둥그렇게 오린 백지를 한 장씩 집어넣고 가장자리를 붙이면서 괴어 올린다.
- 모든 음식의 모양은 꾐질하기에 편한 상태로 만들거나 가다듬는다.

수연상에 오르는 기본적인 음식을 적어 보면 다음과 같다.

- **유과**(油菓): 강정류, 산자류, 빈사과류, 감사과류, 연사과류 등
- **유밀과**: 약과, 만두과, 모약과, 타래과, 매작과 등

- **다식**(茶食): 송화다식, 흑임자다식, 녹말다식, 검은깨다식, 황률다식, 오미자다식, 쌀다식, 청태(푸른 콩)다식 등
- **강정**: 깨강정, 매화강정, 세반강정, 엿강정, 계피강정, 송화강정 등
- **당속**: 옥춘당, 팔보당, 온당, 양국화, 발선과, 심생과, 환자당, 인삼당 등
- **실과**(實果): 사과, 귤, 준시, 생률, 배, 용안육 등
- **건과**: 대추, 호두, 은행, 밤, 곶감, 실백 등
- **정과**: 연근정과, 생강정과, 유자정과, 청매정과, 산사정과, 동아정과, 모과정과 등
- **어물**: 문어, 어포, 건적복, 건복조, 도미, 해삼 등
- **적**: 닭적, 화양적, 육적 등
- **전유어**: 호박전 등 채소, 생선, 우육, 돈육 등
- **편**: 각색 편(백편, 꿀편, 승검초편), 찰떡, 주악, 꽃떡, 웃기떡 등
- **기타**: 조기, 홍어, 숭어, 편육(양지머리 편육, 제육 편육), 상어(큰상에 놓을 것), 식혜, 신선로, 면, 나박김치, 화채, 간장(곁상에 놓을 것) 등

수연례의 큰상 음식 배치도

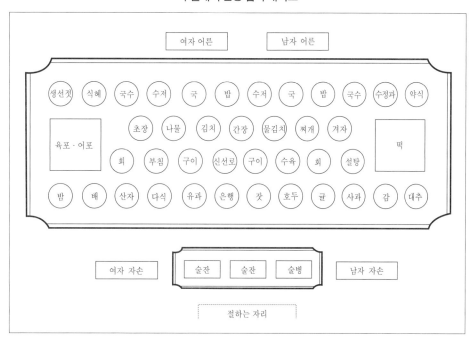

이상과 같이 차리는 상을 큰상 또는 망상(望床)이라고 하는데, 말 그대로 높이 괴어 위로 바라본다는 뜻이다. 전통적인 큰상을 차릴 때나 의례 상차림을 할 때 차리는 음식은 높이 괴어 올려 30~90㎝ 까지 고임새로 담았는데, 이렇게 높이 쌓는 까닭은 음식을 쌓아올리는 높이가 바로 자손들의 효심(孝心)을 나타낸다고 생각했기 때문이다. 옛날에는 가세의 정도에 따라서 고임상을 몇 자 몇 치로 괴었느냐를 가늠하기도 하여 경쟁적으로 높이 쌓기도 하였다.

고일 때 앞면에다 祝(축)·福(복)·壽(수) 등의 글자를 넣어 기원하고 색상을 조화시킨다. 고이는 솜씨를 '굄새'라 하며, 굄새가 뛰어난 부녀자가 마을에 있으면 제례·혼례·회갑연 등의 큰상차림을 직접 관장하거나 마을에 큰일이 있을 때 불려 다니며 상을 차리는 데 도움을 주기도 했다. 또한 고임을 전문으로 하는 이도 있었다. 이렇게 고임음식들을 색상을 맞추어 2~3열로 나열하고, 같은 줄에 배치한 음식은 모두 같은 높이로 하며, 색깔을 달리하여 여러 종류의 것을 아름답게 높이 쌓아 올리고자 했다.

수연례 큰상

큰상의 양옆에는 절편에 물감으로 색을 들여 마치 나무에 꽃이 핀 모양으로 만든 색떡을 고정시켜 장식하거나, 고임상을 더 화려하고 돋보이게 하기 위해 상의 양끝이나 앞쪽에 상화(床花)를 배치한다. 조화(造花)로 된 상화(床花) 또는 생수화(生樹花)를 올리는데 상화의 종류로는 비단으로 만든 견화(絹花), 종이로 만든 지화(紙花)가 있었고, 생수화는 시절에 피는 꽃으로 만든 생화(生花)로 하였다.

수연례의 큰상은 형편대로 차리되 높이 고이는 앞줄만 제외하고는 장국상(면상)을 차리는데 당사자인 어른께서 좋아하시는 면, 전, 신설로, 구이, 편육, 찜, 조림, 화채, 김치 등을 차리며 술도 좋아하시는 술을 대접한다. 이때 음식은 어른의 손이 잘 가는 쪽으로 차리며, 술도 좋아하시는 술을 대접하는 것이 좋다.

수연례 의식이 끝나면 큰상을 헐어 축하연에 참석한 일가친지와 이웃사람들에게 음식을 나누어 준다. 이것을 '반기(頒器)를 나눈다'고 하는데 반기는 작은 목판이나 동구리에 그날의 음식을 고루 담아 나누어 먹으며 축하하는 뜻을 함께 나누는 우리 고유의 풍속이다.

이렇게 평생에 큰상을 받을 수 있는 기회는 아주 드물어 큰상을 받을 수 있었다는 사실은 그만큼 복록(福祿)을 크게 받은 것을 의미한다.

2) 수연상에 오르는 고임음식

유과고임

유과(油果)는 찹쌀가루에 술을 넣고 반죽하여 찐 다음 꽈리가 일도록 저어서 모양을 만들어 건조시킨 후에 기름에 지져 낸 다음 조청이나 꿀을 입혀 다시 고물을 묻힌 것이다. 모양에 따라 강정, 산자, 빈사과, 감사과, 연사과 등으로 분류한다. 고일 때는 접시 가장자리에 돌려 담고 간지(間紙)를 한 장씩 올리고 색을 맞추어 쌓아 올린다.

빈사과는 산자 바탕을 팥알 크기로 썰어 기름에 튀긴 다음 꿀로 반죽하여 썬 것이고, 강정은 산자 바탕을 손가락 크기로 썰어 기름에 튀긴 다음 조청이나 꿀을 발라 고물을 입혀 만든 것이다.

강정을 옛 기록에서 찾아보면, 『음식디미방(飮食知味方)』(1670)의 기본법이 오늘날까지 그대로 이어져 온다. 즉, "찹쌀가루를 술과 콩물로 반죽하여 쪄서, 꽈리가 일도록 치대어 밀고 말려서 기름에 지져 부풀게 한 다음, 꿀을 바르고 흰깨와 물들인 쌀 튀김, 승검초가루를 묻히는 것이다"라고 하였다.

산자고임

산자는 강정과 같이 의례상이나 잔치 음식으로 널리 쓰였고, 혼례 때의 신행에 따른 이바지음식으로도 큰 몫을 차지하고 있었다. 분홍색 물을 들인 고물을 묻힌 것은 흰색의 산자류와 함께 축하 음식으로 쓰이고, 제례음식으로는 흰색만을 사용한다.

찹쌀가루를 약주나 탁주로 축이듯이 반죽한 뒤에 시루에 쪄 내고, 공기가 반죽에 고루 섞이도록 방망이로 치대어서 얇게 민 다음, 가로세로 길이가 2×3cm 정도 되게 썰어 겉면이 갈라지지 않도록 바람이 들지 않는 그늘이나 더운 방바닥에서 한지를 깔고 말린다. 이것을 산자 바탕이라 하는데, 이가 들어가지 않을 정도로 마른 것을 기름에 두 번 지져서 바삭바삭하게 만들고, 그 겉면에 흰 엿, 꿀을 섞어 조린 것을 발라 여러 가지 고물을 입혀 만든다.

쌀엿강정고임

쌀엿강정은 지방에 따라 일명 '밥풀강정'이라고도 하는데, 알맞게 찐 지에밥(고두밥)을 바짝 말려서 기름에 튀긴 다음 식혀서 조청을 버무려 반대기를 지어 썰어 놓은 한과이다. 쌀엿을 만들 때 팥물로 밥을 짓거나 치자나 오미자 등 천연색소를 이용해서 섞으면 더욱 고운 색감을 얻을 수 있고, 대추나 석이로 고명을 붙이면 색스럽고 아름다운 쌀엿강정이 만들어진다.

약과고임

약과(藥果)는 유밀과(油蜜果)로 '약(藥)' 자가 붙는 음식에는 참기름이나 꿀처럼 몸에 약이 되는 재료가 들어간다. 약과는 크기에 따라 대약과, 중약과, 소약과로 나뉘며, 네모나게 썰어 튀긴 모약과, 다식판에 박아 낸 다식과, 꼬인 모양의 매작과, 만두 모양의 만두과가 있다.

밀가루에 참기름, 꿀, 술, 생강즙 등을 넣고 반죽하여 기름에 튀겨 내어 즙청(꿀을 바르는 것)한다. 유밀과는 고려 시대 문헌에 많이 등장하는데 특히 연등회, 팔관

회 등의 불교 행사 때 고임상에 올랐고, 왕의 행차 시에는 고을이나 사원에서 진상품으로 올렸다. 잔치나 제사상에 쓸 때는 주로 큼직하게 만든 모약과를 고여 올린다.

다식고임

다식(茶食)은 큰상을 차릴 때 괴는 음식의 필수적인 품목으로 송화가루, 밤 가루, 볶은 콩가루, 볶아서 말린 쌀가루, 검은깨 가루, 녹말가루 등을 꿀에 반죽하여 다식판에 찍어서 문양을 새겨 만든다. 재료에 따라 송화다식, 쌀다식, 녹말다식, 흑임자다식이라 하고 고일 때는 접시 가장자리에 빙 돌려가며 쌓되 무늬가 나오도록 색을 맞춘다. 다식 한 줄마다 간지(間紙)를 한 장씩 올리고 같은 방법으로 쌓아 올린다.

유과고임　　　산자고임　　　쌀엿강정고임　　　약과고임　　　다식고임

당속고임

당속(糖屬)은 설탕을 졸여서 만든 음식을 통틀어 일컫는 말로서 요즘의 사탕을 말하며 팔보당, 옥춘당, 꿀병, 밤사탕, 국화건당, 팔모 등이 있다.

옥춘당(玉春糖)은 쌀가루로 나뭇잎이나 그 밖의 다른 모양을 만들어 여러 가지 빛깔을 넣어 만든 사탕과자이며 팔보당(八寶糖)은 가루사탕에 여러 색을 들여 끓인 다음 다섯모의 화판(花瓣)을 새긴 판에 부어 굳힌 것이다. 고일 때는 접시 가장자리에 돌려 담고 간지(間紙)를 한 장씩 올리고 색을 맞추어 쌓아 올린다.

옥춘당고임 국화건당고임 밤사탕고임 팔모고임

편떡고임과 색떡고임

편떡은 백편, 꿀편, 찰편, 주악, 절편 등 각색편을 뜻하며 떡가루에 다른 재료를
섞어서 색이나 향을 첨가해 찌는 떡(시루떡)이다. 멥쌀가루에 설탕물을 내린 것은 백
편, 꿀과 간장을 내린 것은 꿀편, 승검초(당귀싹)가루를 섞어 물을 내린 것은 승검초
편이라 하고 고물 대신 한 편에만 밤, 대추, 비늘 잣, 석이버섯 등을 고명으로 올려
쪄 낸다. 찔 때 쌀가루에 고명을 올린 후 한지로 덮어 살짝 눌러서 고명이 잘 떨어
지지 않게 쪄 내는데 정성이 많이 들어가서 모양이 화려하며 품위 있다. 고려시대
부터 만들어졌다는 기록이 있고 조선 왕실 의궤에도 나오는 떡으로 주로 서울 지방
에서 혼례, 회갑연 등의 잔칫상에 고임떡으로 오르던 떡이다.

색떡고임은 편떡에 천연색소를 이용해 각종 색을 물들여 찐 떡이다. 일부 지역에
서 전통적인 큰상 양옆에 놓던 떡으로 절편으로 만든 조화(造花)로 장식한다.

개성주악고임

개성주악은 우메기라고도 하는데, 찹쌀가루에 막걸리를 넣고 되직하게 반죽하여
둥글게 빚어서 기름에 지져 낸 후 엿물에 즙청한 떡이다. 주로 개성 지방에서 많이
하는 개성주악은 큼직한 모양과 독특한 맛으로 유명하다. 유과, 모약과 등과 함께
폐백, 이바지, 회갑연 등의 잔칫상에 고임떡으로 올랐다.

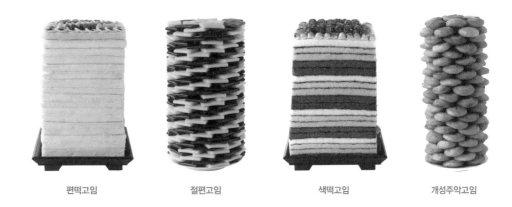

편떡고임　　　　절편고임　　　　색떡고임　　　　개성주악고임

건과일고임

건과일은 나무 열매나 곶감처럼 말린 과일을 뜻하며 주로 대추, 은행, 잣, 밤, 호두 등을 사용한다. 은행은 꼬치에 끼워 돌려가며 쌓는데 간지(間紙)를 한 장씩 올리고 그 위에 조청을 바르고 고정시켜가며 계속 올린다. 조청 대신에 찹쌀풀을 진하게 쑤어서 이용하기도 한다. 잣은 솔잎을 끼워 열 개 정도를 실을 이용해 한 묶음으로 묶어 고정하며 쌓아올린다. 건과에 물을 들이기도 하고, 글자를 새겨 넣어 축하의 의미를 돋우기도 한다.

곶감고임　　　　대추고임　　　　은행고임　　　　잣고임　　　　호두고임

생과일고임

생과일고임에는 사과, 배, 감, 귤 등 과일 종류에 구애받지 않고 색깔이 좋고 성싱한 계절 과일을 쓴다. 과일은 대개 그 형태가 둥글기 때문에 괴기가 어려우므로

위아래를 칼로 조금씩 잘라낸 뒤 가느다란 꼬치로 고정시켜 가면서 쌓는다.

달걀고임

달걀은 닭이 낳은 알이기 때문에 다산을 뜻하고, 예전에는 달걀 등의 식재료가 귀했기 때문에 의례나 큰 잔치에 삶아서 올렸다.

사과고임   배고임   달걀고임

이 외에도 어포, 육포, 건문어로 고인 포(脯)고임과 정과(正果)고임, 적(炙)고임, 전(煎)고임, 초(炒)고임 등이 있다.

3) 수연례의 입맷상

수연례의 큰상을 받는 사람이 먹을 수 있도록 그 앞에 장국상을 차리는데 이것을 입맷상이라 한다. '입매'란 음식을 조금 먹어서 시장기를 면한다는 뜻으로, 보통 입맷상은 큰상에 함께 차리는데, 큰상을 받기 전에 먼저 요기를 하시라고 국수를 주로 한 면상을 따로 차리기도 한다. 이때 음식은 잔을 받으면서 안주도 들고 식사도 할 수 있도록 준비한다. 면은 온면이나 냉면인 국수장국을 비롯해 나박김치에 나물은 숙채와 생채를 올리고 각종 전유어에 편육은 양지머리편육, 제육, 족편 등을 쓴다. 찜과 여러 가지 편, 단자, 경단류 중 한두 가지와 유과, 정과 다식, 약식, 강정 중 한두 가지, 생과류 음료로 화채, 식혜, 수정과 등을 골고루 올려 차린다.

수연례의 입맷상

마. 수연례의 절차

1) 헌수 절차

수연례는 자손들이 어른에게 술을 올리는 헌수 절차인 가족 행사와 외부 손님을 대접하는 연회 절차로 나누어서 행한다. 먼저 가족의 헌수 절차는 다음과 같이 진행한다.

- 정장한 남자 자손들이 정한 자리에 북향으로 선다. 수연 당사자는 북쪽에 남좌여우(男左女右)로 앉는다.
- 큰아들 내외가 먼저 어른 앞에 큰절을 한다. 남자는 재배, 여자는 4배 하는데 번거롭지 않게 평절로 한 번씩만 할 수도 있다.
- 큰아들과 며느리가 술상 앞으로 나가 아들은 동쪽, 며느리는 서쪽으로 서서 북쪽을 향해 꿇어앉는다.

- 집사자가 잔반을 들어다 주면 큰아들 내외가 받아든다. 집사자가 큰아들 잔과 큰며느리 잔에 술을 따른다.
- 큰아들은 일어나서 술잔을 받들어 남자 어른에게 올리고, 큰며느리는 일어나서 여자 어른에게 올린 다음 공수하고 서 있다. 옛날에는 술을 올릴 때 삼현육각을 울리기도 했다.
- 어른이 술을 마시고 잔을 주시면 받아서 술상 위에 놓는다.
- 큰아들 내외는 꿇어앉아 축수(祝壽)한다. "아버지 어머니, 만수무강하시고 오복을 누리시며 저희들을 보살펴 주옵소서."
- 남녀 어른이 대답한다. "오냐, 부디 건강하고 잘 살도록 노력하여라."
- 이어서 작은아들, 딸, 동생, 조카 순으로 부부가 나가서 큰아들 내외가 하듯이 헌수한다.
- 헌수가 끝나면 남녀 어른이 자손에게 명한다. "이제 나아가서 오신 손님을 정성껏 답하여라."
- 남녀 자손들은 일어나서 손님을 맞는다.

2) 연회의 절차

사회자가 진행한다.

① "지금부터 ○○○선생님(여사님)의 ○○회 생신 수연회를 시작하겠습니다. 여러분께서는 자리에서 일어나 주시기 바랍니다."
남자 자손은 큰상의 동쪽, 여자 자손은 큰상의 서쪽에서 차례대로 남향해 선다.
당사자와 웃어른도 일어선다.
② 일동인사
"모두 인사를 나누시겠습니다. 선 자리에서 앞을 향해 인사하시겠습니다.
인사! 바로! 어른과 손님께서는 자리에 앉으십시오."
자손을 제외한 다른 사람은 앉는다.
③ 약력소개
"○○○씨가 ○○○선생님(여사님)의 약력을 말씀드리겠습니다."
제자나 후배 중에서 미리 정한 사람이 사회석으로 나가 약력을 소개한다.

④ 모시는 말씀

"○○○선생님(여사님)의 큰아드님 ○○씨가 손님을 모시는 인사 말씀을 하겠습니다."

자손을 대표해서 큰아들이 정중한 인사말을 한다.

⑤ 축가·송사·축시

"○○○선생님께서 축사를 하시겠습니다."

큰아들 내외가 축사할 손님을 정중히 맞이한다.

축가·축시·송사·축전 등을 차례대로 소개한다.

⑥ 기념품·선물 증정

사회자가 소개하는 대로 준비된 기념품이나 선물을 증정한다. 자손들이 먼저 하고 손님이 다음에 한다.

⑦ 답사

"○○○선생님(여사님)께서 감사하는 답사를 하시겠습니다."

수연 당사자 어른이 인사한다.

⑧ 송수 건배

"○○○선생님의 선창으로 건배하시겠습니다."

미리 정한 손님이 앞으로 나와 잔을 높이 든다.

모두 잔을 높이 든다.

"○○○선생님 내외분의 만수무강을 위하여 건배하시겠습니다."

"만수무강!"(선창) "지화자!"(합창)

⑨ 여흥

"이어서 여흥이 있겠습니다. 감사합니다."

축하하러 온 손님들과 함께 음식을 먹으며 즐긴다.

제3부

인생의 마무리, 상례·제례

01

상례(喪禮)

가. 상례의 의의와 역사

1) 상례의 의의

상례는 인간이 거쳐야 하는 마지막 통과의례이다. 이는 본인이 아닌 다른 생존자들에 의하여 진행되는 의례라는 특징이 있다. 제삼자들은 사자(死者)의 시신을 정중히 모시고 동시에 육신을 떠난 영혼을 성의껏 위로함으로써 한 인생이 거치는 마지막 의례를 장식하게 해준다. 특히 육신을 이탈한 영혼이 무사히 영(靈)의 세계로 귀환하는 데 필요한 적절한 의식 절차를 갖춤으로써 그 영혼을 전송하고 그 영혼의 음조(陰助)를 얻고자 하는 것이 상례인 것이다.

상례란 원래 조상숭배에 기인한 예의의 하나로 그 절차와 형식은 유교적 영향을 많이 받아 오랜 세월 동안 내려옴으로써 오늘날에도 다른 예에 비하여 그 변화의 폭이 비교적 적었다. 물론 옛날의 상례에 비하여 오늘날의 상례는 매우 간소화되기는 하였지만, 그래도 전래의 의식절차를 많이 간직하고 있다. 그것은 후손들의 조상에 대한 숭배, 조상영(祖上靈)에 대한 경외(敬畏) 때문이었을 것이다. 즉 조상의 영혼을 예법대로 모시지 않는 것을 가장 큰 불효로 여겼고, 그러한 불효를 저지르면 조상의 영혼이 후손들에게 무서운 화(禍)를 가져다준다는 민중들의 사고(思考)가 고래(古來)의 상례 절차를 함부로 변형시킬 수 없게 하였을 것이다.

이 때문에 다른 어떤 예에 비하여 상례는 엄숙하고 정중하며, 과거의 의식 절차를 비교적 충실히 지켜 왔다. 『중용』에 이르기를 "죽은 자를 섬기기를 산 사람과 같이 하고, 없는 자를 섬기기를 있는 사람과 같이 해야 한다"고 했다.

『예기(禮記)』에 보면, "부모를 섬기는 데는 3년 동안 상사(喪事)를 치르고, 임금에게는 3년의 복(服)을 입으며, 스승에 대해서는 3년 동안 심상(心喪)을 입는다"고 했다. 이 상례는 오례(五禮)의 하나로서, 곧 제사의 길례(吉禮), 상례의 흉례(凶禮), 연회, 접빈 의식인 빈례(賓禮), 군사 의식인 군례(軍禮), 관례와 혼례의 가례(嘉禮) 중에 속하는데, 이 중의 어느 예보다도 소중히 여기지 않으면 안 되는 의식이다.

2) 상례의 역사

『예기』에 상례에 대한 설명이 있는 것으로 보아 상례의 유래는 아득히 먼 옛날부터 시작되었고, 우리나라에서도 『주자가례』에 의거하여 조선조 5백 년 동안 준수되어 왔다. 그러나 근세(近世)로 내려오면서 이 상례는 점차 간소화되어 근래에는 아주 간단한 의식으로 치러지고 있으며, 더욱이 기독교식에 의한 상례에서는 모든 제사 의식이 생략되고 다만 기도와 찬송으로 대신하므로 매우 간단하다.

상기(喪期)에 3년 복을 입는 경우는 거의 없고, 백일(百日)에 탈상(脫喪)하는 것이 대부분이며, 따라서 소상 대상은 물론 담제(禫祭)·길제(吉祭)의 의식도 거의 없어지고만 상태이다. 이 상례의 변천 과정을 돌이켜보면 전통사회에서 유교에 의한 예법을 준수했다고는 하나, 장례 절차는 우리의 토속신앙(土俗信仰)과 불교 의식이 많이 가미되었던 것이 사실이다. 특히 현대에 와서는 다양한 종교에 의해 많은 변모를 겪었다.

나. 종교별 상례 절차

1) 유교식

상례의 절차는 크게 나누어 초종(初終), 습(襲)·소렴(小殮)·대렴(大殮), 성복(成服), 치장(治葬)·천구(遷柩), 발인(發靷)과 급묘(及墓)·구지(柩至)·하관(下官)·성분(成墳), 반곡(反哭), 우제(虞祭)·졸곡(卒哭), 소상(小祥)·대상(大祥)과 부제(祔祭), 담제(禫祭)와 길제(吉祭)로 구분할 수 있다.

(1) 초종의(初終儀)

가) 초종의의 의미와 절차

초종의란 우리가 흔히 말하는 초상(初喪)과 같은 뜻으로 죽음의 시작이며, 상례의 시작이라는 의미이다. 그러므로 운명(殞命)에 대한 준비, 초혼, 시체 거두기, 상례의 역할 분담, 관 준비, 부고 등이 진행되는 과정을 말한다. 임종의 준비나 장소 및 예 등이 현대에 와서 크게 변하고 있으나, 유교적 예식에 근거한 전통방법을 정리해 보면 다음과 같다.

사잣밥

- **속광**(屬纊): 고운 솜을 죽은 사람의 코나 입에 대어 숨이 끊어졌는지를 확인하고, 운명이 확인되면 남녀가 모두 곡한다.

- **복**(復): 초혼이라고도 한다. 사자의 흐트러진 혼을 불러들인다는 뜻이다. 사자가 평소에 입던 홑두루마기나 적삼의 옷깃을 잡고 마당에 나가 사자의 생시 칭호로 "모(某) 복 복 복"하고 세 번 부른 다음, 그 옷을 시체에 덮고 남녀가 곡한다. 또한 이때 '사잣밥'이라 하여 밥 세 그릇, 짚신 세 켤레, 동전 세 닢을 채반에 담아 대문 밖 옆에 놓는다.

- **천시**(遷屍): 수시(收屍)라고도 한다. 시체를 상판(牀板)에 옮기고 굄목 두 개를 백지로 싸서 괴고 머리를 남쪽으로 두게 한다. 시체가 차가워지기 전에 지체(肢體)를 주물러서 곧고 바르게 한다. 그 후에 얇은 옷을 접어 머리를 괴고, 백지로 양 어깨와 양 정강이, 양 무릎의 윗부분을 묶되 남자는 긴 수건으로 두 어깨를 단단히 묶고 여자는 두 다리를 단단히 묶은 다음, 사방침(四方枕)을 두 발바닥에 대어 어그러지지 않게 하고 병풍으로 가린다.

- **입상주**(立喪主): 부모상에는 장자가 주상(主喪)이 되고, 장자가 없으면 장손이 된다. 아들이 죽었을 때는 부친이, 아내가 죽으면 남편이 주상이 된다.

- **호상**(護喪): 친구 또는 예법을 잘 아는 사람을 호상으로 내세워 상례 일체를 맡아보게 하고, 예에 통하고 활동력 있는 사람을 호상으로 내세워 상례를 돕게 한다.

- **복**(服): 유복자(有服者)가 모두 화려한 옷을 벗고, 사자의 처·자녀·자부는 모두 머리를 풀고, 아들들은 맨발로 백색의 홑두루마기를 입되 왼팔을 소매에 끼지 않아 왼쪽 어깨를 드러나게 한다.

- **전**(奠): 신(神)이 의빙(依憑)하게 하는 것으로 생시에 쓰던 그릇에 술·미음·과일 등을 식탁에 놓아 시체 동쪽으로 어깨 닿는 곳에 놓는다.

- **고묘**(告廟): 무복자(無服者)를 시켜 사당 밖에서 "모질불기감고(某疾不起敢告)"라고 말로 고하게 한다. 사당이나 신주(神主)가 없는 가정에서는 이 절차는 생략된다.

- **부고**(訃告): 부고는 호상의 이름으로 친척과 친지에게 알린다.

- **치관**(治棺): 관을 만드는 일로, 통상 1치 정도의 옹이 없는 송판(松板)으로 만든다. 칠성판(七星板)도 송판으로 만들되 5푼이면 적당하고 판면에 구멍을 뚫어 북두칠성 모양으로 한다.

- **설촉**(設燭): 날이 어두워지면 빈소 밖에 촛불을 켜고 마당에 홰를 지핀다. 빈소 안쪽에 장등(長燈)하는 것은 예가 아니며 화재의 염려도 있어 행하지 않는다.

(2) 습(襲)과 소렴(小殮)·대렴(大殮)

준비한 수의로 사자의 옷을 갈아입히는 절차를 습이라 한다. 먼저 남자의 옷으로는 적삼, 고의, 보랏빛 저고리, 남빛 두루마기, 바지, 행전, 버선, 허리띠, 대님, 복건, 검은·공단 망건, 멱모(幎冒: 얼굴을 싸는 천), 악수(幄手: 손을 싸는 천), 신(들메), 심의(深衣), 대대(大帶), 조대(실로 짠 띠), 충이(充耳: 귀막이)를 마련하고, 여자의 옷으로는 적삼, 속곳, 보랏빛 저고리, 초록빛 곁마기, 허리띠, 바지, 다홍치마, 버선, 검은 공단 모자, 악수, 신, 원삼(圓衫), 대대, 충이 등을 준비한다.

시신을 목욕시키고 두발은 감겨서 빗질하여 검은 댕기로 묶어 상투를 만들고 얼굴을 가리고, 발톱 손톱을 깎아서 준비된 주머니에 넣은 다음 심의(深衣: 흰 베로 두루마기 모양으로 만든 옷)를 펴놓고 먼저 준비된 옷을 입힌다. 이때 반함(飯含)이라 하여 찹쌀을 물에 불리었다가 물기를 빼고 버드나무 숟가락을 만들어 세 술을 시구(屍口)에 넣으면서 "천석이오", "이천석이오", "삼천석이오" 하고 외친다.

소렴은 습이 끝난 시신을 작은 이불로 싸서 처음으로 묶는 절차이다. 대렴은 시신을 큰 이불인 대렴금으로 싸서 시신을 마지막으로 묶는 일이며, 이후 시신을 모셔 입관하는 절차이다.

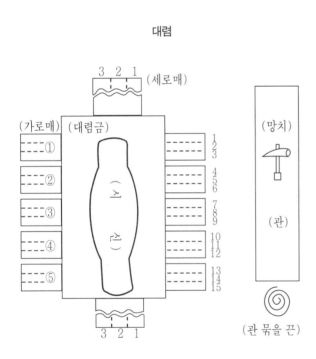

대렴

(3) 성복(成服)

성복은 상주, 주부 이하 모든 복인들이 비로소 정신을 가다듬고 각기 정한 상복을 입는 것이다. 복인이 된 것에 대해 인사하는 예를 성복례라 하고, 성복례 이후

라야 외부 문상객의 인사를 받을 수 있다. 고례에는 대렴을 한 다음 날에 성복례를 했으므로 죽은 지 나흘째가 되는 날이 되었지만, 3일장을 치르게 된 이후에는 대렴, 입관하면 즉시 상복을 입고 성복례를 치른다.

성복제 1

성복제 2

여막과 상주

성복이 끝나면 조석으로 상식(上食)하는데, 조석상식(朝夕上食)은 죽은 조상을 살아 계신 조상 섬기듯 한다는 의미에서, 아침저녁으로 올리는 상식이다. 조석상식은 상례 중에는 물론, 장사를 치른 뒤에도 탈상할 때까지 만 2년간을 올린다. 이때 올리는 음식은 산 사람의 조석 밥상처럼 밥, 국, 김치, 나물, 구이, 조림 등으로 하고, 생전에 드리던 반상기에 수저를 쓴다. 상차림은 좌반우탕(左飯右湯)으로 생시와 같이 차린다. 상제들은 성복례를 치른 후 비로소 죽을 먹고 슬퍼지면 수시로 곡한다. 성복 전에는 손님이 와도 빈소 밖에서 입곡(立哭)만 하고 상제와의 정식 조문은 하지 않다가 성복 후에 비로소 조례(弔禮)가 이루어진다.

조석상식 올리기

조석상식 상차림

(4) 조상과 문상

'상(喪)'은 '없어진다', '죽다'의 뜻이고, '조(弔)'는 '슬퍼한다'는 뜻이다. 그러므로 '조상(弔喪)'은 '죽음을 슬퍼한다'는 말이어서 죽은 이에게 그 죽음을 슬퍼해 인사하는 것이고, '문상(問喪)'은 '죽음을 묻는다'는 뜻이어서 상주에게 상을 당한 것에 대한 위문의 인사를 하는 것이다.

고례(古禮)에 의한 조상과 문상을 하는 법은, 죽은 이를 생전에 알았으면 죽은 이에게 조상하고 상주에게도 문상하지만, 죽은 이를 알지 못하고 상주만 알면 죽은 이에게는 조상하지 않고 상주에게만 문상한다.

① 조상·문상하는 시기

조상이나 문상은 성복을 한 후가 아니면 할 수 없었다. 성복하기 전에는 상주가 총망 중이며 시신도 완전히 갈무리하기 전이므로 조상이나 문상을 할 수 없고, 다만 손님은 호상소(護喪所)에 대신 인사하는 것이다. 그러나 현대는 그 시기에 관계 없이 영좌(靈座)에 조상하고 상주에 문상한다.

② 조상·문상의 대상

고례에는 외간상에는 빈소에 조상하고 상주에 문상했으며, 내간상에는 상주에게만 문상하는 것으로 족했다. 그러나 현대는 내·외간상을 가리지 않고 영좌에 조상하고 이어서 상주에게 문상한다.

③ 조문 시 주의할 사항

복장을 화려하게 입으면 안 되고, 액세서리나 밝은 색깔을 피한다. 흉사 시에 공수(供手)는 남자는 오른손, 여자는 왼손이 위로 가게 두 손을 앞으로 모아 맞잡아야 한다. 상가에서는 가무·음곡이나 잡담을 하지 않아야 하고, 근엄하게 애도하는 마음을 표한다.

④ 조상하는 법

손님이 상가에 도착하면 먼저 호상소로 가서 자기가 누구라고 통성명을 한다. 호상소에서는 상주에게 누가 왔다고 먼저 전한다. 상주들이 영좌 앞에서 일어나서(여자는 엎드려서) 극진히 곡한다. 손님이 안내받아 빈소로 들어가 공수하고 서서 극진히 곡하고 빈소를 향해 남자는 두 번을 하고 여자는 네 번 절한다. 죽은 이가 아랫사람이면 곡만 하고 절은 하지 않고 빈소를 나온다.

⑤ 문상하는 법

빈소에서 나온 손님이 영좌 앞으로 나와 상주와 마주서서 서로 극진히 곡한다. 곡을 한 후 상주가 먼저 손님에게 절한다. 다만 손님이 맞절을 하지 않을 정도의 아랫사람이면 상주는 절하지 않는다. 손님이 상주의 절에 답배한다. 상주가 아랫사람이면 손님은 답배하지 않으며, 상주가 웃어른이면 손님만 절한다. 그 다음 상주와 손님이 마주보고 꿇어앉아서 위문의 말을 하면 상주가 답한다. 인사말이 끝나면 다시 절하는 것이 고례였으나 현대는 다시 절하지 않는다. 문상이 끝난 손님은 일어나서 밖으로 나온다.

⑥ 부의금(賻儀金)과 부조(扶助)

영좌에 올리거나 상주에게 주는 것이 아니고 조문이 끝난 다음에 호상소에 전달하는 것이다. 부의금은 봉투에 넣고 물품은 따로 물목을 적어 봉투에 넣어 전한다.

문상

부의금

(5) 조문(弔問)과 답사(答謝)

　친지가 상을 당했다는 소식을 듣고 직접 조문하지 못하고 글로 하는 경우와 조문을 받은 데 대한 답례인사를 글로 하는 경우이다.

　고례에는 답례인사를 졸곡(卒哭)이 지나야 했지만 현대는 삼우(三虞)만 지나면 인사를 한다.

(6) 치장(治葬)과 천구(遷柩)

　치장은 장례를 위하여 장지(葬地)를 택하고 묘광(墓壙)을 만드는 일을 말한다. 옛날에는 대부(大夫)는 3개월, 사(士)는 1개월 만에 장례를 거행하였으나 지금은 3일, 5일 만에 거행하는 것이 상례로 되었다.

　① 득지택일(得地擇日): 장지를 택하고 장삿날을 정한 후 축(祝)이 조전(朝奠)할 때 영좌(靈座)에 고한다.

　② 결리(結裏): 관(棺)을 싸고 다시 초석(草席)으로 싸서 가는 새끼줄로 묶는 절차이다.

　③ 개영역(開塋域): 상주가 집사자(執事者)를 데리고 산지(山地)에 가서 묘혈(墓穴)에 푯말을 세우고 간사를 시켜 산신에게 고하는 절차이다.

　④ 천광(穿壙): 무덤을 파는 일이며, 먼저 광상(壙上)에 묘상각(墓上閣)을 짓거나 차일(遮日)을 쳐서 비나 해를 가린 다음 천광 한다.

　⑤ 각지석(刻誌石): 사자의 성명・세덕(世德)・사적(事蹟)・자손 등을 간단히 적어서

묘 앞에 묻는 것으로, 돌에 새기거나 번자(燔瓷)·편회(片灰)·사발(沙鉢) 등을 사용하였다. 이것은 후일 봉분이 무너져 알아보지 못할 때를 대비하는 것이다.

⑥ 조주(造主): 신주를 만드는 일이며, 재료는 밤나무를 사용하는데 높이는 약 24cm, 너비는 9cm 정도로 하고, 밑에 받치는 부(趺)는 12cm, 두께는 3.5cm 가량으로 만든다. 요즈음은 신주를 만들지 않고 그때그때 지방(紙榜)을 써서 거행하는 사람이 많다. 다음 발인(發靷)하기 하루 전 먼저 가묘(家廟)에 고하는 절차인 천구(遷柩)를 끝내고 저녁 신시(申時)에 조전(祖奠)을 거행한다. 조전이란 다음 날 장지로 가는 길이 평탄하도록 기원하며 영상(靈床)에 음식을 올리는 의식이다.

다음 날 아침상식이 끝나면 영구를 옮긴다. 주인 이하가 곡하며 뒤따르고, 빈소에서 나올 때는 문밖에 놓은 바가지를 발로 밟아 깨뜨린다. 재여(載轝)가 끝나면 혼백상자를 의자 위에 봉안하고 음식을 진설한 다음 주인 이하가 엎드리고 고축한다. 이것을 발인제라고 한다.

천광

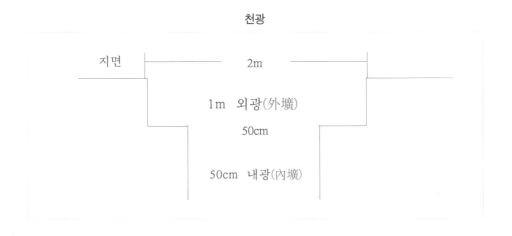

(7) 발인(發靷)

발인은 사자가 묘지로 향하는 절차이다. 발인제가 끝나면 제물을 상여꾼에게 먹인 다음 산지로 향한다. 순서는 명정(銘旌), 공포(功布), 혼백(魂帛), 상여(喪轝), 상주, 복인(服人), 조객의 순으로 나간다. 중간에 친척집 앞을 지날 때는 노제(路祭)를 지내며 노제는 친척집에서 차린다. 또 가다가 개울이나 언덕이 있을 때는 정상(停喪)을 하는데 이때마다 복인들이 술값이나 담뱃값을 내놓는다.

노제

발인

영여(靈轝)를 든 유족들

상여 운반 행렬 1

상여 운반 행렬 2

상여 행렬

(8) 급묘(及墓)·구지(柩至)

급묘는 묘지에서의 준비절차이고, 구지는 장례 행렬이 묘지에 도착하는 절차이다. 혼백과 상여가 도착하면 혼백은 교의(交椅)에 모시고 제물을 진설한다. 관은 광(壙) 가까이 지의(地衣)를 펴고 굄목을 놓은 뒤 그 위에 올려놓고 공포(功布)로 관을 훔치고 명정을 덮는다. 주인 이하 곡한다.

(9) 하관(下棺)·성분(成墳)

시체를 내광에 모시고 봉분을 쌓아 묘지를 조성하는 일이다. 이 절차는 다음과 같다.

① 폄(窆): 하관을 말한다. 상제들은 곡을 그치고 하관하는 것을 살펴야 한다.

② 증현훈(贈玄纁): 현훈을 받들어 관 왼쪽 옆에 넣는 것인데 지금은 행하지 않는다.

③ 가횡대(加橫帶): 나무를 횡판으로 하여 5판 또는 7판으로 하되 매판 정면에 '일이삼사오륙칠(壹貳參肆伍陸漆)'이라 숫자를 명시하고 내광을 아래서부터 덮되 위로 한 장을 남겼다가 현훈을 드린 뒤 상주 이하가 두 번 절하고 곡할 때 덮는다. 그 다음 회(灰)를 고루 펴서 단단히 다지되 외금정(外金井)까지를 한도로 한다.

④ 토지신에게 제사지낸다.

하관

⑤ 외광 앞쪽에 지석(誌石)을 묻는다. 지석은 석함이나 목궤에 넣는다.

⑥ 제주(題主): 신주에 함중(陷中)과 분면(粉面)을 써서 교의에 봉안하고 혼백과 복의(復衣)는 신주 뒤로 둔다. 그러나 신주를 모시지 않는 가정에서는 지방으로 대신한다.

⑦ 설전(設奠): 제주전(題主奠)이라 한다.

⑧ 성분(成墳): 봉분을 만드는 일이다. 높이는 대개 네 자 정도로 하고 묘 앞에는 묘표를 세우며 석물(石物)로는 혼유석(魂遊石)·상석(床石)·향로석(香爐石)을 차례로 배치하고 망주석(望柱石) 두 개를 좌우에 세운다.

(10) 반곡(反哭)

반곡은 본가로 반혼(反魂)하는 절차로, 반우(反虞)라고도 한다. 곡비(哭婢)가 앞서 가며 다음에 행자(行者)가 따르고, 그 뒤에 요여(腰轝)가 가고 상제들은 그 뒤를 따른다.

본가에 도착할 때는 망문(望門), 즉 곡을 한 뒤에 축이 신주를 영좌에 모시고 혼백은 신주 뒤에 둔다. 주인 이하는 대청에서 회곡(會哭)하고 다시 영좌에 나아가 곡하며 집에 있던 사람들은 두 번 절한다.

(11) 우제(虞祭)와 졸곡(卒哭)

사자의 시체를 지하에 매장하였으므로 그의 혼이 방황할 것을 염려하여 우제를 거행하여 편안하게 하는 것이다. 상례에서 처음으로 전에서 제사로 전이되는 절차이다. 우제는 초우(初虞), 재우(再虞), 삼우(三虞)가 있는데, 초우제는 반드시 장일(葬日) 주간(晝間)에 거행하며, 재우는 초우제 뒤에 을(乙)·정(丁)·기(己)·신(辛)·계(癸)일인 유일(柔日)에 행하고, 삼우는 재우를 거행한 후 갑(甲)·병(丙)·무(戊)·경(庚)·임(壬)일인 강일(剛日)에 행한다. 졸곡(卒哭)은 무시곡(無時哭)을 마친다는 뜻이며, 삼우를 지낸 후 3개월 만에 강일에 거행한다.

요즈음은 3일, 5일, 7일 등으로 장일을 당겨 지내므로 우제는 여기에 맞추어 지내지만, 졸곡만은 3개월 안에 지내야 한다. 졸곡부터는 흉사가 아닌 길사로 간주한다.

(12) 부제(祔祭)와 소상(小祥)·대상(大祥)

부제는 졸곡을 지낸 다음 날 거행하는 것으로 사자를 이미 가묘에 모신 그의 조(祖)에게 부(祔)하는 절차다. 주인 이하는 목욕하고 증조고비(曾祖考妣)(사자에게는 조고비(祖考妣))의 위패를 대청 북쪽에 남향하여 놓고 사자의 위패는 동쪽에 서향하여 놓은 다음 음식을 진설하고 제사지낸다. 소상은 초상으로부터 13개월 만인 초기일(初朞日)에 거행하는 상례이다. 연제(練祭)라고도 하며 주인, 주부가 각각 연복(練服)을 입는다.

대상(大祥)은 초상으로부터 25개월 만인 재기일(再朞日)에 거행한다.

(13) 담제(禫祭)·길제(吉祭)

담제의 의미는 대상을 지내고 상복은 벗었으나 평상복을 입지 못하고 흰 옷을 입던 것을 완전히 평상복으로 회복하는 제사이다. 담제는 대상을 지낸 다음 달 거행하는 상례로 그 전 달 하순에 복일(卜日)한 것을 미리 가묘에 들어가 당위(當位)에게 고한다.

길제는 조상의 위패를 모신 가정에서 조상의 신주를 고쳐 쓰고 죽은 이의 신주를 정당한 위치에 모시는 제사이다. 담제를 지낸 다음 달에 거행하는데 정일(丁日)이나 해일(亥日)로 복일(卜日)하여 지낸다.

상례의 절차는 지방에 따라 약간의 차이가 있지만 이처럼 격식을 갖추어 행해졌다.

2) 기독교식

기독교에서는 육신의 죽음은 가정에서의 노고를 휴식시키는 하나님의 섭리로 생각한다. 종파에 따라서 장례식 절차에 조금씩 차이가 있으나, 운명하면 시신의 수시(收屍)부터 목사가 직접 주관한다. 입관 후에도 목사의 집례 아래 예배를 본다. 교회의 상례는 분향 대신 헌화를 하며, 장지에 도착하면 하관 예배를 드린 다음, 상제들이 관 위에 흙을 뿌리고 봉분한다. 영결식은 개식사, 찬송, 기도, 성경 봉독, 시편 낭독, 기도, 약력보고, 설교, 주기도문, 출관 순으로 진행된다. 매장하지 않고 화장할 경우에는 유골을 교회로 옮겨 추도 예배를 드린다.

3) 천주교식

천주교에서는 죽음을 공포라든가, 심판이라는 어두운 의미로 받아들이지 않고, 천국에 계시는 하느님 곁으로 인도되는 것으로 믿는다. 상례의 절차는 '성교예규(聖敎禮規)'에 따라서 종부성사(終傅聖事), 운명, 초상 연(煉)미사, 장례식의 순으로 진행된다.

병자의 임종이 가까워지면 가족들은 나중에 성유(聖油)를 바를 환자의 얼굴, 눈, 코, 입, 손, 발 등을 깨끗이 씻기고 준비한 옷으로 갈아입힌다. 또한 병자의 머리맡에 상을 하나 마련하여 그 위에 백포(白布)나 백지(白紙)를 깔고 십자고상(十字苦像)과 촛대 두 개를 놓고 발치에 성수 그릇과 성수채(수저)를 준비해 둔다. 그리고 병자의 의식이 남아 있을 때 신부(神父)에게 연락하여 성사(聖事)를 받게 한다.

장례일에 행하는 장례미사는 일반적으로 고인이 소속한 성당에서 거행된다. 집에서 출관할 때는 신부가 성서의 일부를 읽고 짧은 기도를 올린다. 그 뒤 유족이 최후의 대면을 하고 성당으로 향한다. 영구가 성당에 도착하면 중앙에 안치되고, 그 주위에는 신앙의 빛을 상징하는 촛불을 밝힌다. 미사의 마지막 부분에는 고별식이 있는데, 이는 시체를 발인하기 전에 신자들이 마지막으로 가는 고인에게 인사하는 예식이다.

4) 불교식

불교에서는 장례를 다비(茶毘)라고 하는데, 이는 시신(屍身)을 화장하는 일을 달리 이르는 말이다. 관행상 승려는 '석문가례(釋門家禮)'에 따라 시행하나, 신도의 경우는 유교식과 절충하여 행하기도 한다. 현행 다비법에 의하면 임종에서 입관에 이르는 절차는 일반 전통식과 비슷하며, 영결식은 개식선언, 삼귀례(三歸禮), 약력보고, 착어(着語: 교법의 힘을 빌어 망인을 안정시키는 말), 창혼(唱魂: 요령을 흔들며 혼을 부름), 헌화, 독경(讀經), 추도사, 분향, 사홍서원(四弘誓願), 폐식선언 순으로 진행된다. 영결식이 끝나면 영구(靈柩)를 다비장(화장장)으로 옮긴 다음 시신을 태운다. 시신이 불탄 뒤 열기가 식으면 뼈를 일으키고 거두어 부순다. 이러한 절차를 기골(起骨), 쇄골(碎骨)이라고 하며, 쇄골한 후에는 절에 봉안하고 49재 등의 제사를 지내거나, 산이나 강물에 뼛가루를 뿌리기도 한다. 이것을 일컬어 산골(散骨)이라고 한다. 장례 후의 제의로는 49재, 백일재, 3년 상을 지낸다.

5) 북한의 장례

북한의 장례는 사회주의 생활방식에 따라 간소화 되었는데, 통상 3일장으로 치르며 형편에 따라서는 1~2일장으로도 한다. 절차는 가족들이 관할 안전기관이나 동인민위원회에 신고하면 도시에서는 국영장의사인 녹화사업소나 편의협동조합에서 맡아 처리해 주며, 농촌에서는 협동농장에서 함께 치른다. 상복은 따로 만들어 입지 않고 팔에 상장이나 검은 천을 두르는 것으로 대신한다. 시체의 운구는 상여나 꽃 장식 등은 일체 없고 트럭이나 달구지 등으로 하며 운구 시 곡은 하지 않는다. 매장은 대개 해당 군 소재의 지정된 공동묘지에 하고 봉분도 세운다.

북한에서는 최근 묘지 면적이 늘어남에 따라 화장을 권장하고 있으나 주민들의 반대로 아직까지 화장은 거의 하고 있지 않다. 직계존속의 사망 시 상주에게는 3일간의 공식 휴가가 주어지며 장례보조금과 쌀이 특별 배급된다.

02

제례(祭禮)

가. 제례의 의의와 역사

　예서(禮書)에서 "제왕은 하늘을 제사지내고 제후는 산천을 제사지내며 사대부(士大夫)는 조상을 제사지낸다"고 했다. 제사는 원래 신(神)과 인간의 세계를 매개시켜 주던 종교행위로, 지상지고(至上至高)의 신에서부터 산천에 널리 있다고 믿는 여러 신들을 받들어 신의 가호로 재앙이 없고 보다 좋은 삶을 이룩하도록 기원하는 의식이다.

　동양에서는 옛날부터 조상신의 제향을 중시하고 치국(治國)의 요도(要道)이며 효의 근간(根幹)이고 인륜의 도리라 생각하고, 위로는 천자로부터 아래는 서민에 이르기까지 조상신을 정중하게 제향해 왔던 것이다. 조상에게 제사지내는 이유는 효(孝)를 계속하기 위함이며 효란 자기 존재에 대한 보답으로 제례를 일컬어 보본의식(報本儀式)이라 한다. 여기에서는 후손들이 조상에게 제사지내는 가정의례 절차를 다루고자 한다.

나. 제사의 종류와 절차

예서에 의하면 제례에는 사당제(祠堂祭), 사시제(四時祭), 이제(邇祭), 기일제(忌日祭), 묘제(墓祭)의 다섯 가지가 있고, 그 밖에 행해지는 제례로는 사갑제(祀甲祭), 생신제(生辰祭), 연중절사(年中節祀)가 있으며, 기타 종교식 제례가 있다. 또 흉제(凶祭)라고 하여 상중(喪中)의 우제(虞祭)와 소상(小祥), 대상(大祥), 담제(禫祭), 길제(吉祭)까지의 제사를 가리키는데, 영좌(靈座)가 산에서 반혼(返魂)하여 반혼제를 지내면서 탈상할 때까지의 제사를 말한다.

이 밖에 천신(薦新)이 있는데, 철 따라 나오는 햇곡식으로 만든 음식이나 과일 등을 사당에 올리는 것을 말한다. 그러나 사당이 없는 오늘날 대개의 가정에서는 집안의 윗자리에 과일이나 새로운 음식을 차리는 것으로 변하였다.

1) 사당제(祠堂祭)

사당제는 사당에서 지내는 제사로서 신알(晨謁), 출입(出入), 참례(參禮), 천신(薦新), 고사(告祀)의 다섯 종류가 있다. 신알례(晨謁禮)란 주인(主人)이 아침 일찍 일어나 사당을 찾아뵙는 예이다. 출입례(出入禮)는 주인이나 주부가 외출할 때 반드시 사당에 고하는 예를 말한다. 참례(參禮)란 설이나 동지와 초하루, 보름날에 사당에 제사지내는 것을 말한다. 천신례(薦新禮)는 계절에 따라 새로운 음식 등이 있으면 사당에 올리는 것을 말한다. 고사례(告祀禮)란 유사즉고(有事則告), 즉 언제든지 무슨 일이 일어나면 반드시 사당에 고하는 것을 말한다.

2) 사시제(四時祭)

사시제란 사계절에 지내는 제사로서 '차례(茶禮)'라고도 한다. 예서에 의하면 맹춘(孟春: 1월), 맹하(孟夏: 4월), 맹추(孟秋: 7월), 맹동(孟冬: 10월)의 하순 정일(丁日)과 해일(亥日)을 택하여 사시제를 거행한다 하였다. 그러나 가문에 따라서는 정초(正初), 한식(寒食), 단오(端午), 추석(秋夕)에 거행하기도 하고, 2월, 5월, 8월, 11월에 각각 택일하여 올리기도 한다. 근래에 와서는 사시제라 하더라도 연 4회를 거행하는 예는 극히 드물고, 거의가 정초와 추석에만 차례를 올린다.

차례의 제수는 설날인 경우 메와 갱 대신에 떡국을 올리고 추석의 경우 햅쌀로 지은 메나 오례송편(오려송편), 토란탕을 올린다. 여러 차례를 모두 지낼 때는 그때마다 계절 음식을 올렸는데, 유두(流頭)에는 국수, 동지(冬至)에는 팥죽을 메 대신 올렸다.

월성 손씨 종가 추석차례   연기 합강1리 설차례

3) 기일제(忌日祭)

기일제는 매년 돌아가신 기일마다 방 안에서(사당이 있으면 사당에서) 지내는 제사를 말한다. 기제는 고조고비위(高祖考妣位), 증조고비위(曾祖考妣位), 조고비위(祖考妣位), 그리고 고비위(考妣位)의 사대조고비위(四代祖考妣位)까지의 내외분 8위를 대상으로 한다. 오대조고비위(五代祖考妣位) 이상은 묘제(墓祭)로 한다.

기일이 돌아오면 제주(祭主)는 하루 전 제계(齊戒)하고, 기일 자정을 기하여 제례를 거행한다. 제사의 순서는 먼저 지방(紙榜)을 봉안하고 참사자(參祀者) 전원이 남동여서(男東女西)로 늘어서서 진설, 분향, 강신, 참신, 초헌, 독축, 아헌, 종헌, 유식(侑食), 합문(闔門), 계문(啓門), 진다(進茶), 사신(辭神), 납주(納主), 분축(焚祝), 철찬(撤饌), 음복(飮福)의 순으로 진행한다.

① 재계(齋戒)

돌아가신 날의 첫 새벽에 지내는 경우는 기제일의 전날에, 돌아가신 날의 초저녁에 지내는 경우는 기제일 당일에 주인과 주부는 목욕 근신한다. 제사지낼 장소와 혹 사당이 있으면 사당 내외를 깨끗이 정돈하며 기구들을 점검한다.

② 설위(設位)·진기(陳器)

제사지낼 장소를 마련하고 기구들을 깨끗이 닦아 배설(配設)한다. 바닥에 자리를 깔고 병풍을 치며, 교의와 제상 등을 준비한다.

③ 수축(修祝)

주인은 복장을 단정히 하고 정좌해서 축문을 쓴다. 가급적이면 한지에 먹으로 내려쓴다. 신주가 없으면 지방도 쓴다. 사진을 모실 경우에도 지방을 쓰는 것이 좋다. 축문은 축판에 붙여서 향안 위의 향로 서쪽에 놓고, 만일 지방을 썼으면 제상의 서남쪽의 소탁 위에 임시로 모신다.

④ 척기(滌器)·구찬(具饌)

주부는 제사에 사용될 그릇 등을 깨끗이 씻고, 제수를 깨끗하게 정성 들여 마련한다. 제수는 제사지내기 전에 먹지 않아야 하고, 마련된 제수는 큰 상 위에 올려놓고, 식어서는 안 될 메, 갱, 탕 등은 제상에 올리기 직전에 그릇에 담는 것이 좋다. 특히 현주(玄酒: 정화수)를 주가(酒架) 위에 올리려면 기제일 아침에 준비해야 한다.

⑤ 변복취위(變服就位)

제사지낼 시간이 되면 주인·주부 이하 참사할 사람들이 예복으로 갈아입고 정위치에 공수하고 선다.

⑥ 설소과주찬(設蔬果酒饌)

제상 위의 촛대에 불을 켜고 제수를 차린다. 식어도 상관이 없는 제수 진설이 끝나면 주인 이하 모두가 제자리에 돌아가서 선다.

⑦ 신위봉안(神位奉安)

사당에서 신주를 모셔야 할 경우는 사당에 가서 분향하고 축문을 읽어 고하고 모셔내다가 일단 제상 서남쪽의 소탁 위에 모신다. 소탁 위의 신위를 교의에 모신다. 고위는 주인이, 비위는 주부가 모신다. 지방을 함께 썼거나 신주가 같은 독에 모셔졌을 때는 주인이 모신다. 모두 제자리에 선다.

⑧ 분향강신(焚香降神)

모든 참사자(參祀子)가 신위를 향하여 늘어선 다음, 제주가 꿇어앉아 향을 향로에 넣어 태우고 재배한다. 이어 집사자(執事者: 대개 제주의 아들과 조카가 맡는다)가 잔이 가득 차지 않게(7부 쯤) 따라 올리는 술잔을 두 손으로 받아 왼손으로는 잔대를 잡고 오른손으로는 잔을 들어 모사에 세 번으로 나누어 붓는다. 빈 잔을 집사자에게 건네고 나서 재배한다.

⑨ 참신(參神)

제주 이하 참사자 일동이 재배한다. 이는 영혼을 맞이하는 절차로서 신주(神主)를 모시고 올리는 제사일 때는 강신보다 참신을 먼저 하고 지방인 경우에는 강신을 먼저 한다.

⑩ 지방(紙榜)

지방은 신위를 표시하는 신표(神標)로서 대개 길이 22cm, 넓이 6cm 정도의 백지(白紙)에 종(縱)으로 묵서(墨書)한다. 맨 윗머리에 '현'이라 쓰고 그 다음에 조부모 이상의 경우에는 친족호칭을 쓴다. 이어 고조부·증조부·조부일 때는 '고(考)'자를 쓰고, 고조모·증조모·조모일 때는 '고'자 대신 '비(妣)'라 쓴다. 그러나 부(父)의 경우에는 친족 호칭을 쓰지 않고 '현(顯)'자 다음에 직접 '고'라 쓰고, 모(母)인 경우에는 '고'자 대신 '비'라 쓴다. 여기에서의 고는 사후(死後)의 부를, 비는 사후의 모를 지칭한다.

남자의 경우에는 '고'자 다음에 관직(官職)이 있으면 그 관직명을 쓰고, 관직이 없으면 '학생(學生)' 혹은 '처사(處士)'라 쓴다. 거기에 이어 '부군신위(府君神位)'라 쓰면 된다.

여자의 경우에는 '비'자 다음에 '유인(孺人)'이라 쓰고 그 다음에 본관(本官) 성씨(姓氏, 이름은 쓰지 않는다)를 쓴 다음 '신위(神位)'라 쓴다.

근래에는 지방을 봉안하지 않고 사진으로 대신하는 경우가 점점 많아져 가고 있다.

⑪ 진찬(進饌)

주인은 육전과 초간장, 어전, 갱을 올리고, 주부가 면과 편편, 편청, 메를 올린다. 기타 참사자들이 면과 편 사이에 탕을 올린다.

⑫ 초헌(初獻)·독축(讀祝)

주인이 꿇어앉아 집사자가 건네는 빈 잔을 두 손으로 받들고 있으면, 집사자는 그 빈 잔에 술을 가득히 붓는다. 주인은 오른손으로 잔을 들어 모사에 조금씩 세 번을 기울인 다음, 그 잔을 집사자에게 준다. 집사자는 그 잔을 고위(考位) 앞에 바친다. 이번에는 다른 잔에 집사자가 술을 따라 주면 모사에 기울이지 않고 그대로 다시 집사자에게 넘긴다. 집사자는 그 잔을 비위(妣位) 앞에 바친다. 이처럼 양위합

영광 영월 신씨 기제 – 독축

사(兩位合祀: 내외분 함께 제사)일 때는 선고후비(先考後妣: 부측에 먼저 잔을 올린 다음 모측에)의 순으로 잔을 올린다. 잔을 올리고 나면 간적(肝炙: 소고기를 대꼬챙이에 꿰어 만든 안주)을 올리고, 참사자 전원이 꿇어앉으면, 축관(祝官)이 독축한다. 축문(祝文)은 원래 판(板)에 써 놓는 것이다. 그 판을 '축판(祝板)'이라 한다. 그러나 근래에는 그때그때 백지에 써서 읽는다. 독축이 끝나면 모두 일어서고, 제주는 일어나 재배한다.

⑬ 아헌(亞獻)

두 번째 잔을 올리는 것을 아헌이라 한다. 아헌은 주부가 올리는 것이 원칙이지만 형편에 따라서 제주의 동생이나 장남 등 근친자(近親者)가 올릴 수도 있다. 아헌을 올릴 때는 초헌 때 바친 술잔을 퇴주 그릇에 쏟고, 아헌자가 빈 잔을 받들고 있으

영광 영월 신씨 기제 – 아헌례

면, 집사자가 그 잔에 술을 채워준다. 아헌자는 그 술잔을 향로 위에 왼쪽으로 세 번을 돌리고 모사에 세 번 기울인 다음 집사자에게 건네면, 집사자는 그 잔을 신위 앞에 바친다. 이어 따로 장만한 육적(肉炙)을 올리고 아헌자가 남자일 때는 재배, 여자일 때는 사배(四拜) 한다. 여자가 아헌을 할 때는 집사자도 여자가 된다.

⑭ 종헌(終獻)

아헌자 다음가는 근친자가 마지막으로 올리는 잔을 '종헌'이라 한다. 이때 종헌자는 잔을 받아 초헌 때와 같이 모사에 조금씩 세 번을 부은 다음, 술잔에 술이 7부쯤 남게 하여 집사자에게 준다. 그러면 집사자는 그 잔을 받아 신위 앞에 바친다. 이어 계적(鷄炙)을 올리고 종헌자가 재배한다.

⑮ 유식(侑食)·첨작(添酌)

유식이란 신위에게 음식을 권하는 절차이다. 이때 초헌자는 꿇어앉아 술이 7부쯤 담겨져 있는 종헌잔에 술병을 세 번 기울여 첨작을 하고 재배한다.

⑯ 계반(啓飯)·삽시(揷匙)·합문(闔門)

밥그릇의 뚜껑을 열고 주부가 밥그릇 한 가운데에 숟가락을 꽂는다. 이때 숟가락 바닥이 동쪽으로 가게 한다. 젓가락은 접시 중앙에 놓되 손잡이 쪽이 서쪽으로 가게 한다. 이어 제주는 재배, 주부는 사배를 한다. 이를 '계반 삽시'라 한다. 이어 방안

합문

의 모든 불빛을 희미하게 하고 병풍을 좁히고 휘장을 두른 다음 제주 이하 모든 참사자들이 문밖에 나와 문을 닫고 조용히 기다린다. 문이 없을 때에는 발을 늘이고, 대청에서 제사를 올릴 때는 뜰 아래로 내려와 기다린다. 이를 '합문'이라 한다.

⑰ 계문(啓門)

합문 후 식구반(食九飯), 즉 밥을 아홉 숟가락쯤 떠먹을 만한 시간이 지나면 제부가 "허흠~~" 세 번 한 다음, 방문을 열고 일동이 들어간다. 이를 '계문'이라 한다.

⑱ 진다(進茶)·복반(復飯)

진다는 계문하고 차를 올리는 절차로서, 차가 없으면 숭늉을 올리는 절차이다. 그 절차를 보면, 먼저 국을 물리고, 그 자리에 숭늉 그릇을 올린다. 메를 조금씩 세 번 떠서 숭늉에 말아 놓는다. 숟가락을 숭늉 그릇에 담가 놓고 숟가락을 들어 상

위에 세 번 고른 다음 제자리에 놓는다. 모든 참사자들이 읍을 한 자세로 잠시 정숙하게 기다렸다가 메 뚜껑을 덮고 숟가락을 내려놓는다.

⑲ 사신(辭神)

영혼에게 고별한다는 뜻으로, 참사자 일동이 재배하고 대문 앞까지 천천히 나갔다 들어온다.

⑳ 납주(納主)·분축(焚祝)

신주는 사당의 원위치에 모시고, 사진을 모셨을 때는 사진을 원 자리로 모시고, 지방을 모셨을 때는 독축자가 축문과 함께 태워 향로에 재를 담는다.

㉑ 음복(飮福)·철찬(撤饌)

사신에 이어 음복을 한다. 음복이란 조상이 주는 복된 음식을 받아들인다는 뜻이며, 수조라고도 한다. 이때는 퇴주 그릇의 술을 조금씩 나누어 마시고 제상의 안주를 몇 점씩 먹기도 한다. 음복을 하면서 제물을 조금씩 떼어다 대문 앞에 버리기도 한다. 이는 무주신(無主神)을 대접한다는 뜻이다. 이어 제상 위의 모든 제물을 뒤쪽에서부터 거두어 물린다.

영광 영월 신씨 기제 – 분축

수조

4) 묘제(墓祭)

사대 조까지는 집안에서의 기제로 봉사하지만, 오대 조 이상은 묘제로 봉사한다. 묘제를 지낼 때에는 먼저 묘지 위편에 주과포(酒果脯) 등 간단한 음식으로 산신제를 올리고 나서 묘제를 거행한다. 제 하루 전 재계하고 이튿날 아침 묘소의 주위를 깨끗이 한 다음, 왼쪽에 후토신(后土神)에게 제사지낼 곳을 마련한다. 묘 앞에 제물을 차려놓고 참신, 강신, 초헌, 고축, 아헌, 종헌, 헌다, 사신 절차로 거행한다. 그리고 나서 후토제를 지낸다. 그러나 지금은 이를 시제(時祭), 시정(時亭) 혹은 시사(時祀)라 하여 10월 중에 거행하는 것이 일반적이다. 묘제는 성묘와는 다르다. 성묘란 청명(淸明)·한식(寒食) 또는 추석(秋夕)이나 정조(正朝)에 묘소를 찾아 제사를 지내고 묘소를 살피는 것을 말한다.

정초와 중추(仲秋)에 가제(家祭)로서 절사(節祀)를 행하고, 매년 10월 중 한 가문이 묘 앞에 모여 제사하는 이 묘제의 풍습은 가묘(家廟)가 철폐되면서 형성된 변형적 제사 풍속이다.

감실 내 신주

진주 정씨 묘제 진설하는 모습

대전 은진 송씨 묘제 1

대전 은진 송씨 묘제 2

안동 풍산 류씨 묘제 1

안동 풍산 류씨 묘제 2

5) 불천위제(不遷位祭)

불천위는 불천지위(不遷之位)의 줄임말로, 국가에 공로가 있어 4대가 지나도 감실(龕室)을 하나 더 만들어 신위를 맨 위에 모시거나 별묘를 세워 안치하고 제향을 끊이지 않고 영구히 모시는 조상을 일컫는 것으로, 나라를 구한 의병, 공신, 학문이 깊고 이를 실천하여 백성들에게 모범이 된 실천가, 백성들이 잘 살 수 있도록 여러 가지 법도와 조목을 고안해 낸 학자, 효행이 있는 사람들이다. 이들은 대개 한 가지 덕행만 가진 것이 아니라 여러 가지를 겸하고 있는 경우가 많으며, 오랜 역사와 더불어 우리 제례문화의 하나로써 가치를 지닌 채 전승되어 왔다.

평택 고령 신씨 불천위제 – 신숙주 영정

청주 우암 종택 불천위제

그중 하동 정씨(河東 鄭氏) 일두 정여창(一蠹 鄭汝昌)의 불천위제를 살펴보면 다음과 같다.

① 제례 준비

진설된 제물에 먼지 등이 떨어지는 것을 막기 위해 천장에 옥색 앙장(仰帳)을 걸었다. 바닥에는 검은 테두리가 있는 민돗자리를 깔고, 제상 뒤에는 글씨 병풍을 쳤다. 향탁은 제상 앞에 위치하였고, 향탁 위에는 향로와 향합을, 밑에는 붉은 실로 묶은 향합을, 밑에는 모사기(띠 풀 묶음을 흙에 꽂아 놓은 그릇)를 놓았다. 향탁 앞에 강신잔반을 포함하여 잔반 네 벌과 퇴주기를 준비하였다. 향탁 동쪽에 어탕과 적과 병을, 서쪽에는 반상차림을 준비하였다.

이외의 제수는 제상 위에 진설하여 병풍으로 사방을 가렸다. 제복으로는 남자는 도포를, 여자는 옥색 치마에 옥색 저고리를 입었다.

② 제례 절차

제례 절차는 신위봉안, 강신, 참신, 초헌, 독축, 아헌, 종헌, 유식, 합문, 계문, 진다, 이성(利成), 사신, 납주, 철찬, 음복의 순이다. 반상과 어탕, 병은 강신하기 전에 올리며, 초헌·아헌·종헌 때 적을 각각 올린다.

③ 제수의 진설

제1열에는 반서갱동으로 진설하였으며, 잔반은 반과 갱의 중앙에, 시접은 중앙에 놓았다.

제2열의 서쪽에 어적 1기와 육적 2기를 놓는다. 육적은 소고기와 돼지고기 삶은 것을 통째로 사용하였다. 그 옆에 어탕, 약식, 식혜를 놓고, 동쪽에 병을, 그리고 병 옆에는 설탕을 놓았다.

제3열에 포는 육포·오징어·문어 오린 것을 사용한다. 간납으로 편육과 여러 가지 전을 각각 한 접시씩 놓았다.

제4열에 7첩 또는 9첩의 반상차림으로 나물, 김치, 조치, 나박김치, 간장, 장조림, 해삼, 불고기, 김자반, 새우, 낙지, 조기, 굴을 올렸다. 반상차림 안에 김치, 나박김치와 조치를 사용하므로 침채를 따로 차리지 않고 단탕으로 어탕만 사용하였다. 김치는 보통 때 먹는 배추김치로 제사 때 맞춰서 새로 담는다. 새우는 너비아니와 같은 양념을 하였다. 조치는 소고기, 무, 양파, 달걀, 파 등을 넣은 맑은 장국이었다.

제5열은 조율이시(棗栗梨柿)의 순으로 배열하였으며, 이 외에는 다른 종류의 과일이나 조과도 사용하였다. 현재는 조과를 사용하지 않는다. 과(果)의 수는 일정하게 정해지지 않았다.

정여창의 불천위제 진설도

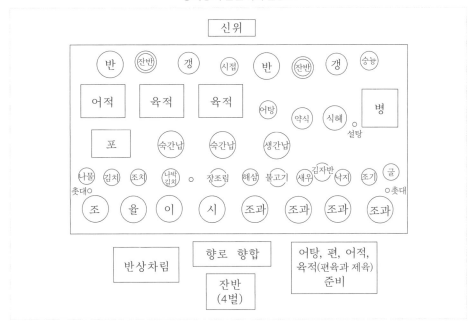

김효로·김해의 불천위제 진설도

다. 제례음식과 상차림

　　조선시대 이전의 제물을 역사적으로 살펴보면『삼국사기(三國史記)』제사조의 기록에 "고구려·백제·신라의 삼국은 각기 시조묘를 세워 제사를 모셨고, 오묘(五廟)의 제(祭)에서 풍년일 때는 대뢰(大牢: 소), 흉년일 때는 소뢰(小牢: 양)를 썼다"고 한 것 등으로 미루어 고대사회의 제에서는 생(牲: 통째로 제사에 쓰이는 소)을 일차적으로 올렸음을 알 수 있다.

진설된 제사상 1

진설된 제사상 2

한편, 『삼국유사(三國遺事)』 「가락국기」에는 대가야 수로왕의 제를 모실 때의 제물이 술·감주·병(餠)·반(飯)·다(茶)·과(菓)였다고 하며, 『고려도경(高麗圖經)』에서는 "도성 중심 백리 안에 있는 신사(神祠)에는 사시(四時)에 관원을 보내어 대뢰(소, 양, 돼지의 3생을 갖춘 제물이었으나, 후에는 소만을 일컫게 됨)로써 제를 지내게 하고…"라고 기록하고 있어 고려 초기에 신사에 지내던 제물이 『삼국사기』 오묘조의 제물과 같은 맥락임을 알 수 있다.

이와 같이 고대로부터 제1의 제물은 생(牲)이었고, 그 외의 여러 가지 음식이 생활의 발전과 함께 이용되었다.

한편 조선시대 가정에서 행하는 의례 중 가장 정중하게 받들어야 했던 것이 제사이다. 송우암 선생이 출가하는 딸에게 준 『계녀서』 중 제사 받드는 도리에 대한 글을 보면 "제사는 정성으로 청결하게 하며 조심하는 것이 으뜸이니, 제수 장만할 때 걱정하지 말고, 하인도 꾸짖지 말고, 소리 내어 웃지 말고, 겉으로 나타내어 근심 말고, 없는 것을 구차하게 얻지 말며, 제물에 티끌이 들어가게 하지 말고, 먼저 먹지 말고, 많이 장만하면 불결하니 쓸 만큼 장만하고, 일 년 제수할 것을 생각하여 훗 제사에 대비하라"고 이르고 있다. 이것은 조선시대 가정에서 제사를 모실 때의 기본 태도를 잘 설명하고 있는 것이다.

1) 제기(祭器)와 제구(祭具)

제사음식을 담는 그릇을 제기라고 한다. 우리나라는 전통적으로 백자로 된 사기, 나무로 만든 목기, 놋쇠로 만든 유기 등을 사용했다. 『증보사례편람』 구제기(具祭器)에서 "제상이나 교의(交椅) 및 제물을 담는 제기는 고(庫)중에 보관하고 부득이 고가 없을 때에는 궤짝에 넣어 보관하여야 하며, 절대로 집 밖으로 내보내지 말라"고 쓰여 있다.

또한, 『왕제(王制)』와 『전례(典禮)』에서 "대부는 제기를 빌리지 아니하며, 설혹 제기를 준비하지 못하였다 해도 평소의 그릇을 쓸 수는 없으며, 군자는 설혹 빈곤하여도 제기는 팔지 아니하고, 제기가 못쓰게 되면 땅에 묻는다"는 내용에서 제기에 대한 관리 준칙을 알게 한다.

『사례편람』 성생척기구찬조(省牲滌器具饌條)에서는 "제물을 준비하는 데 중요한 것이 생을 살피는 일이며, 이때 주인은 심의를 입고 장부들을 거느리고 생을 살피되 잡는 것을 가서 보고, 주부는 배자를 입고 부녀를 거느리고 제기를 깨끗이 한다. 제사를 지내기 전에 다른 사람들이 먹어 보거나 고양이, 개, 벌레 등이 더럽히지 않도록 한다"고 이르고 있다.

이러한 규범이 현재까지 영향을 미쳐 제삿날이면 주부는 목욕재개하고 청담 또는 담색 옷으로 갈아입고 정성껏 제물 준비에 임한다. 제기를 각 항목별로 살펴보면 다음과 같다.

- **반기**(飯器): 밥(메, 젯메)을 담는 그릇으로 일상생활에서 꼭지바리라고 불리는 그릇과 같은 형태의 제기로서, 낮은 굽이 달려 있고 뚜껑이 있다.
- **갱기**(羹器): 국을 담아 올리는 그릇으로, 뚜껑이 있는 것과 없는 것을 혼용해서 사용한다. 일반 가정에서 흔히 사용하는 물이나 국그릇인 대접을 사용하는 것이 일반적이다.
- **탕기**(湯器): 탕을 담아 올리는 제기로서, 사발 모양에 조금 높은 굽이 달려 있으며 뚜껑이 없는 그릇이다. 목기보다는 유기제의 탕기가 굽이 더 높다.

반기   갱기   탕기

- **병기**(餠器): 일반적으로 '떡 틀'이라고도 하여 높거나 낮은 굽이 달린 정사각형, 또는 직사각형의 유기나 나무로 된 병기는 모판을 사용한다. 윗면의 네모난 모서리에 약간의 운두가 나 있는 것과 없는 것 두 가지가 함께 쓰이고 있다.
- **적기**(炙器): 적기는 병기인 떡 틀과 거의 같은 형태의 제기로서 '적 틀' 또는 '적대(炙臺)'라고도 부른다. 떡 틀은 음식을 괴는 윗면에 운두가 있는 것과 없는 것 두 가지가 쓰이고 있으나, 적기는 일반적으로 윗면이 편평한 형태의 그릇으로 직사각형이다. 병기와 마찬가지로 따로 마련한 것이 없으면 평접시를 사용하기도 한다.

- **시접**(匙楪): 숟가락과 젓가락을 담는 대접 비슷한 놋그릇이다.
- **시저**(匙箸): 숟가락과 젓가락을 말하며 제사지내는 신위 수대로 시접에 담는다.
- **촛대** : 신위마다 촛대를 하나씩 갖추는데 합설일 경우에는 한 쌍을 준비한다.

적기   시접   촛대

- **제주병**(祭酒甁): 흔히 말하는 술병이라는 것으로, 일반적인 형태의 술병을 사용하나 집 안에 따라서는 제례용 술병을 따로 마련하여 사용한다.
- **술잔·잔대**(盞臺): 제례 때만 사용하는 잔인 술잔과 술잔받침이다. 잔대는 일상적으로 쓰는 받침과 달리 굽이 높으며 잔을 올려 놓는 윗면이 움푹하게 들어가 있는 쟁반 형태의 그릇으로, 술잔을 받쳐 상에 올린다. 술잔은 그 형태가 거의 같으나 반드시 잔대 위에 올려놓도록 되어 있다.
- **종자**(鐘子): 종지를 가리키는 것으로, 간장을 담는 제기이다. 종자 역시 일상생활에서 쓰는 종지와 같은 형태인데, 술잔과는 달리 받침 없이 놓는다.
- **평접시**(平楪匙): 평접시는 물고기나 고기, 포, 전, 과실 등을 담는 제기로, 제기 중 가장 수가 많다. 따라서 평접시는 대·중·소의 크기 별로 마련하여 올려놓을 음식의 크고 많음에 따라 선택하여 사용한다. 목기나 도제의 평접시는 운두가 없는 반면, 유기제의 평접시는 약간의 운두가 있는 것이 다른 점이다.

잔반   종지   접시

- **혜기**(醯器)·**해기**(醢器): 식혜와 젓갈을 담는 그릇으로, 다 국물이 있는 음식이므로 그 형태 또한 탕기와 같은 형태를 띠고 있다.
- **향로**(香爐): 제례를 올리기 전 강신을 위해 주변을 정결하게 하고자 향을 피울 때 사용하는 제기이다.
- **모사기**(茅沙器): 모래와 띠 묶음을 담는 그릇이다. 강신(降神) 때 뇌주(酹酒)를 여기에 붓는다. 이는 음지(땅)에 있는 신을 부르는 의식이다. 형태는 보통 굽이 있는 꽃꽂이 수분(水盆)과 유사하다. 여기에 깨끗한 모래를 담고 띠 한 품을 한 뼘 정도로 잘라 가운데를 붉은 실로 묶어서 모래에 꽂는다. 이것은 땅바닥을 상징하는 것이다. 묘지에서의 제사는 땅에다 바로 뇌주를 붓게 되므로 모사기를 쓰지 않는다.

혜기   향로   모사기

- **제상**(祭湘): 제례 때 제물을 올려놓는 상으로서, 일상적으로 사용하는 소반류의 상(床)과는 다른 탁자의 한 형태로 제상(祭狀)이라고 한다.
- **교의**(交椅): 신주를 모셔 두는 의자이다. 자리가 매우 협소한 반면, 다리가 긴 의자 형태를 하고 있다. 등받이에 팔걸이가 붙어 있으며, 제상의 높이보다는 조금 더 높게 만드는 것이 일반적이다.
- **향상**(香床): 제상 앞에 제주병과 잔, 주발을 올려놓는 소탁과 함께 나란히 놓이는 상으로, 향로와 향합을 올려놓는 소형 탁자이다. 향상은 절을 올리는 사람의 꿇어앉은 키에서 가슴에서 배꼽 높이이거나 그보다 낮은 것이 일반적인 크기이다.
- **신위틀**: 마치 비석을 세워 둔 것과 같은 형태의 나무로 짠 상자로서, 제사를 모실 때 지방이나 신주를 모셔 둔다. 대문을 열고 닫을 때와 같이 좌우로 열고 닫을 수 있는 덮개가 있어, 평소에는 덮개를 닫아서 보관하고 사용 시에는 열어서, 그 안에 신주나 지방을 모셔서 교위 위에 올려놓는다.

제상, 교의	향로상	신위판

- **주가**(酒架): 주전자, 현주병, 퇴주기 등을 올려놓는 작은 상이다.
- **소탁**(小卓): 축판을 올려놓고 신위를 봉안하기 전에 임시로 모시는 작은 상이다.
- **소반**(小盤): 제사음식을 진설하게 위해 옮길 때 쓴다.
- **병풍**(屛風): 제사지낼 장소의 뒤와 옆 등을 둘러친다. 현란한 그림이 그려졌거나 경사 잔치에 관계되는 내용의 글씨가 있는 것은 피한다.

기제사의 제구 배설

목제기

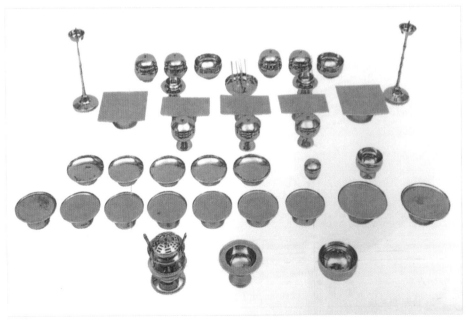

유기제기

2) 제수(祭需)와 진설(陳設)

(1) 진설의 의미

우리나라의 제사 상차림은 흔히 '가가례(家家禮)'라 하여 가정과 지방에 따라 차이가 있다. 그것은 우리나라 각종 예서의 진설법이 각기 다를 뿐 아니라 각자의 의견에 다소 차이가 있기 때문이다.

율곡 이이 선생이 1577년에 지은 『제의초(祭儀鈔)』에 보면,

① 고·비위를 각설하고 잔반을 하나씩만 쓰며, ② 반(飯)과 갱(羹)은 생시와 반대로 차리면서 시접은 생시와 같게 우측에 놓고, ③ 유독 탕(湯)을 제시했으며, ④ 과실이 홀수이고, ⑤ 서포동해(西脯東醢)가 완벽하지 못하며, ⑥ 전체가 5열로 차려진다.

제상 1

조선 성종조에 완성된 『국조오례의(國朝五禮儀)』에 보면,

① 고·비위를 합설(合設)하고, ② 잔반을 세 개씩 쓰며, ③ 반과 갱, 시접을 완전히 생시와 반대로 놓고, ④ 탕이 없으며, ⑤ 과실이 홀수이고, 서포우해가 아니라 동포서해이며, ⑥ 진설의 열이 일정치 않다.

도암 이재(陶菴 李縡) 선생의 저술로 1884년에 간

제상 2

주자가례 제찬도

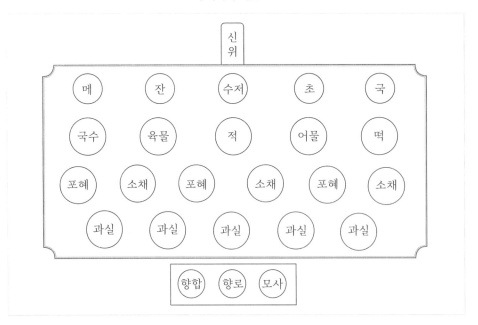

율곡선생 격몽요결 제찬도 (한 분을 모실 때)

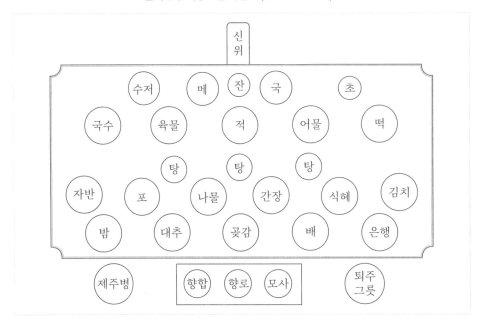

율곡선생 격몽요결 제찬도 (두 분을 모실 때)

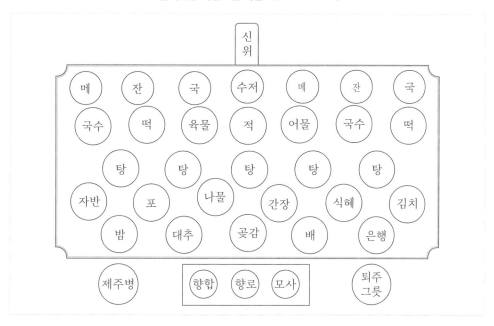

신위

| 메 | 잔 | 국 | 수저 | 메 | 잔 | 국 |

| 국수 | 떡 | 육물 | 적 | 어물 | 국수 | 떡 |

| 탕 | 탕 | 탕 | 탕 | 탕 |

| 자반 | 포 | 나물 | 간장 | 식혜 | 김치 |

| 밤 | 대추 | 곶감 | 배 | 은행 |

제주병   향합 향로 모사   퇴주 그릇

기제사 제찬도

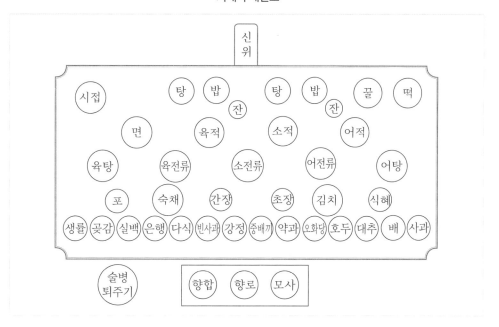

신위

| 시접 | 탕 | 밥 | 탕 | 밥 | 꿀 | 떡 |
| | | 잔 | | 잔 | | |

| 면 | 육적 | 소적 | 어적 |

| 육탕 | 육전류 | 소전류 | 어전류 | 어탕 |

| 포 | 숙채 | 간장 | 초장 | 김치 | 식혜 |

| 생률 | 곶감 | 실백 | 은행 | 다식 | 빈사과 | 강정 | 중배끼 | 약과 | 오화당 | 호두 | 대추 | 배 | 사과 |

술병 퇴주기   향합 향로 모사

행된 『사례편람(四禮便覽)』에는, ① 고비위의 각설, 합설을 말하지 않았고(그러나 각설임을 암시), ② 잔반을 하나씩 제시했으며, 서포동해를 분명히 하면서 해(醢)와 혜(醯)를 함께 차리게 했고, ④ 탕이 없으며, ⑤ 과실은 짝수이고, ⑥ 전체를 4열로 했다.

이상의 여러 예서에서 나타난 것과 같이 제사 상차림의 양식은 조금씩 차이는 있지만 대체로 산 사람과는 반대로 좌우를 바꿔놓고, 과실과 같이 높게 괴는 제수는 끝줄에 놓고, 밥과 국은 가깝게 놓고, 술을 올릴 때마다 바꿔 올리는 적은 중앙에 놓아서 상을 어울리게 했다. 그리고 제물의 진설은 남자 제관이 하는 것이 원칙으로 되어 있다.

(2) 합리적인 진설법의 예시

제사의 상차림은 각 지방과 가문에 따라 진설법이 다르나 근본적인 양식은 우리나라 상고시대부터 이어져 오는 토속적인 제물을 저변에 두고 『주자가례(朱子家禮)』의 내용을 수용하고, 『사례편람(四禮便覽)』에 의해 규범화한 것이다.

제례 시 제상에 음식을 차리는 것을 제수의 진설(陳設)이라 하는데, 신위(神位)를 향해서 오른쪽은 동쪽, 왼쪽은 서쪽이다. 또한 제상에 맨 아래인 과류는 제5열이라 하고, 위로 향하면서 제4열, 제3열, 제2열, 반(飯)과 갱(羹)의 열을 제1열이라 한다.

1열에는 기제사 때 밥과 국을 놓는다. 밥은 왼쪽에, 국은 오른쪽에 놓는다. 밥은 흰쌀밥, 국은 소고기에 무를 넣어 끓인 것으로 한다. 시접(匙楪, 수저를 놓는 그릇), 잔반(盞盤, 술잔과 술받침), 초첩(醋楪)을 놓는다. 이때 잔반과 초첩은 잔서초동(盞西醋東)이라 하여 시접을 중심으로 술잔을 시접의 서쪽에 초첩은 시접의 동쪽에 놓는다.

2열에 면(국수), 편(떡), 편청(떡을 찍어 먹기 위한 꿀)을 올린다. 이때 면과 편은 면서병동(麵西餠東)이라 하여 국수를 서쪽에 떡을 동쪽에 놓는다. 그리고 불에 굽거나 찐 음식인 적과 기름에 지진 전을 놓는다. 적전중앙(炙煎中央)에 따라서 적과 전은 중앙에 놓는다. 또, 어동육서(魚東肉西)에 따라 어류는 동쪽에, 육류는 서쪽에 놓으며, 두동미서(頭東尾西)에 따라 머리는 동쪽에 꼬리는 서쪽으로 향하게 놓는다.

3열에는 탕을 진설하는데 1, 3, 5, 7탕으로 꼭 홀수로 놓으며, 어탕(魚湯)은 동쪽, 육탕(肉湯)은 서쪽, 소탕(蔬湯)은 중앙에 진설한다. 고춧가루를 전혀 쓰지 않으며 건더기만 담고 국물은 거의 담지 않는다.

4열에는 포와 식혜, 나물을 놓는다. 이는 좌포우혜(左脯右醢)에 따라 포(脯, 육류나 북어, 마른 오징어, 문어 중 한 접시)는 왼쪽에, 식혜(食醢)는 담아 오른쪽에 놓는다. 그리고 나물은 숙채(熟菜), 침채(沈菜), 청채(靑菜) 등을 진설한다. 또, 생동숙서(生東熟西)에 따라 김치는 동쪽에, 익힌 나물은 서쪽에 놓는 법도 있다. 4열은 짝수로 진설한다.

5열에는 과일과 조과(造菓)를 놓는다. 과일의 종류는 밤, 대추, 곶감 등의 건과와 계절에 따라 배, 사과, 감귤, 은행 등을 놓는다. 과일의 진설법에는 홍동백서(紅東白西)라 하여 동쪽에는 붉은 과일을 놓고 서쪽에는 흰 과일을 진설한다. 이 밖에 첫째 줄에는 과일 이외에 조과(造菓, 약과) 등을 진설하는데 홍동백서로 한다. 홍동백서 이외에 조율시이(棗栗柿梨)라는 진설법을 따르기도 한다. 즉, 대추, 밤, 감, 배의 순으로 놓기도 한다. 이때 5열은 홀수로 진설한다.

제수(祭需)는 제사에 쓰이는 제물로 제찬(祭饌)이라고도 하며, 깨끗함과 정성이 담겨야 한다. 제수를 마련하는 데는 각 가정의 형편과 지방 풍속에 따라 일정할 수 없지만, 무엇보다도 정성을 들여서 깨끗하게 차려야 하는 것이 으뜸이다. 제수는 재료를 통째 혹은 크게 각을 떠서 간단하게 조리하고 고명은 화려하게 하지 않으며, 마늘·고춧가루·실고추 등의 양념은 쓰지 않는다.

- **반**(飯): 흰밥을 신위 수대로 주발식기에 소복하게 담도록 한다. 진메는 반드시 종부(宗婦)가 뜬다.
- **갱**(羹): 제사 국이다. 신위 수대로 대접에 담고 뚜껑을 덮는다. 육갱(肉羹)에 양념을 하지 않은 것을 대갱(大羹)이라 하고, 고기와 채소를 섞어 양념을 넣은 것을 형갱이라 하며, 채갱(菜羹)은 채소로 끓인 국이다.

  요즈음은 탕에 어와 육을 넣기 때문에 갱에는 반드시 채를 써야 하는데, 탕에 어육을 쓰지 않으면 육갱을 쓴다고 한다.
- **면**(麵): 국수를 삶아 건더기만 건져서 그릇에 담고 그 위에 달걀노른자 부친 것을 네모나게 썰어 얹기도 한다. 떡을 쓰지 않을 때는 면을 안 쓴다. 즉, 면과 떡은 함께 올리는 것이다.
- **탕**(湯): 탕은 찌개로서 고춧가루 등의 조미료는 사용하지 않는다. 옛 예서에서는 율곡 선생의 『제의초(祭儀鈔)』에만 탕이 제시되었고, 다른 예서에는 탕이 없다. 일반적으로

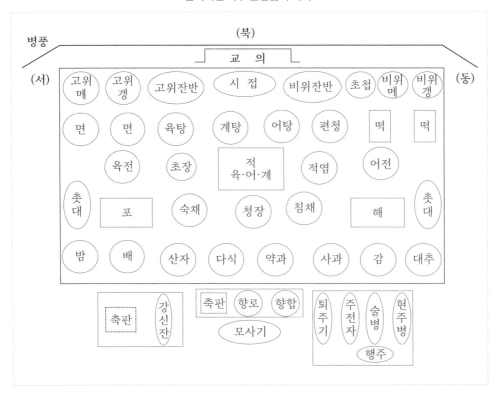

합리적인 제수 진설법의 예시

신분에 따라 제왕은 7탕, 대부는 5탕, 서인은 3탕이라고 했다. 3탕일 경우 육탕, 어탕, 소탕과 계탕을 사용하며 각 탕의 건더기만 탕기에 담고 뚜껑을 덮는다. 탕의 그릇 수를 양수(홀수)로 하는 이유는 재료가 고기, 생선, 닭 등 천산(天産)이라 양수로 하는 것이다. 일반적으로 기제사에는 3탕을 쓰고, 큰 제례에는 5탕을 쓴다.

- 육탕(肉湯): 소고기 찌개의 건더기만 탕기에 담고 뚜껑을 덮는다.
- 어탕(魚湯): 생선 찌개의 건더기만 탕기에 담고 뚜껑을 덮는다.
- 소탕(素湯): 두부를 다시마국물에 넣고 끓인 다음 탕기에 담고 뚜껑을 덮는다.
- 계탕(鷄湯): 더러는 봉탕(鳳湯)이라고도 하는 바, 닭 찌개의 건더기만 탕기에 담고 뚜껑을 덮는다.
- 만일 5탕, 7탕을 쓰려면 재료는 적당히 사용한다.
- 탕기에 담은 위에 다시마를 3cm 넓이로 길게 썰어 '+자'형으로 덮기도 한다.

- **적**(炙): 육적·어적·소적을 준비하여, 담을 때는 육적·어적·소적의 순으로 겹쳐 놓는다. 사지라 하여 한지를 잘라 꼬챙이 끝에 돌돌 말아서 사용하기도 한다. 제사의 삼헌(三獻) 때에 하나씩 올린다.
  - 육적(肉炙): 소고기를 형편에 따라서 분량을 정해 두세 개로 길쭉하게 토막 내어 소금 구이하듯이 익혀 사각의 접시에 담는다.
  - 어적(魚炙): 생선 두세 마리를 고춧가루를 쓰지 않고 조미해 익혀 사각의 접시에 담는데, 머리가 동쪽으로 가고 배가 신위 쪽으로 가게 담는다. 배가 신위 쪽으로 가면 음식이 가까이 있는 것이 되고, 등이 신위 쪽으로 가면 도망가는 형국이 되기 때문이다.
  - 소적(素炙): 두부를 썰어 기름에 지져 낸 것이다.
  - 계적(鷄炙): 닭의 머리, 다리, 내장을 제거하고 구운 것이다. 등이 위로 가도록 사각의 접시에 담는다.
  - 어떤 가정에서는 적의 머리, 즉 동쪽으로 가는 곳에 '사지'라 해서 대꼬챙이에 2~3cm 넓이에 한 뼘 정도의 배지를 달아 두 개씩 꽂는다. 그것은 적을 날것으로 쓸 때 날고기에서 흐르는 피가 종이를 타고 한 곳으로 흐르도록 하기 위한 것이라고 하며, 더러는 양식의 포크와 같이 고기나 생선을 찍어서 먹는 꼬챙이라고도 한다.
- **적염**(炙鹽): 적을 찍어먹는 소금이다. 접시나 종지에 담아 한 그릇만 준비한다.
- **전**(煎): 전이 제수로 쓰일 때에는 '간납'이라는 명칭으로 많이 쓰인다. 간납을 부치는 기름 향으로 신명(神明)이 흠향하러 온다고 생각하여 정성껏 준비한다. 전으로는 육전, 어전, 소전을 준비한다. 각각의 재료에 밀가루와 달걀을 입혀 기름에 지져 낸다.
  - 육전(肉煎): 소고기를 잘게 썰거나 다져서 둥글게 만들어 달걀을 무쳐 기름에 부친 것으로 큰 접시에 괸다.
  - 어전(魚煎): 생선을 저며 달걀에 무쳐 기름에 부친 것이다. 큰 접시에 괸다.
  - 소전(素煎): 두부를 넓적하게 썰어 달걀에 무쳐 기름에 부친 것이다.
  - 기타: 수육, 육회, 어회 등을 접시에 담는다.
- **과**(果): 나무에서 따는 생과(生果)와 곡식을 익혀서 만든 다식·정과(正果) 등을 총칭한다. 생률은 겉껍질을 벗긴 날밤을 양면이 반듯하고 선이 바르도록 쳐낸 것으로, 대체로 남자의 손으로 많이 한다. 『사례편람(四禮便覽)』에 "과(果)에는 6品이 있고 모든 나무의 열매 중 먹을 수 있는 것은 쓰지 않는 것이 없다"고 하였다. 그러나 공자는 "과일 중 복

숭아는 낮은 것으로 제사에 쓰지 않는다"고 하였고, 사계(沙溪)는 "만약 다 갖추기 어려우면 4品 혹은 2品을 쓴다"고 하였다. 가정의 형편에 따라 제수의 양과 수는 조절할 수 있다.

- **포**(脯): 포에는 생선을 말린 어포와 고기를 말린 육포가 있다. 육포에는 소고기가 쓰이며, 어포에는 대구·오징어·북어 등을 쓰는데 여러 개를 포개어 놓기도 하고 한 가지만 놓기도 한다.

- **병**(餠): 떡은 시루떡을 고물을 다르게 해서 찌며, 고물은 거피팥·녹두·흑임자 등을 쓰고, 웃기로 주악·송편·화전 등을 사용한다. 제사 때 쓰는 떡은 붉은 팥고물은 쓰지 않으나 고사떡에는 반드시 붉은 팥을 사용한다.

- **편청**: 떡에 찍어서 먹는 꿀·조청이다. 요즘에는 설탕을 접시나 종지에 담기도 한다.

- **숙채**: 숙채는 보통 3, 5, 7채를 준비하는데, 백채(도라지·무·숙주), 청채(시금치·배추·호박), 갈채(고사리)를 삼색으로 준비하여 제기 한 그릇에 색깔 별로 소복하게 돌려 담는다. 숙채에서 뿌리 나물은 조상을 뜻하고 줄기 나물은 부모를, 잎나물은 나를 상징한다. 홀수로 각각 올리거나 한 접시에 올리기도 한다.

- **침채**(沈菜): 물김치이다. 희게 담근 나박김치를 보시기에 담는다. 고춧가루는 쓰지 않는다.

- **청장**(淸醬): 순수한 간장이다. 종지에 담는다.

- **초장**(醋醬): 초간장이다. 간장에 초를 타서 육전을 올릴 때 함께 올린다.

- **해**(醢): 생선젓을 의미한다. 대개 소금에 절인 조기를 쓰며, 정식의 제사에만 쓰고 약식 제례인 차례에는 일반적으로 쓰지 않는다.

- **혜**(醯): 식혜 건더기를 접시에 담고 잣이나 대추 저민 것 세 쪽 정도를 얹는다. 식혜는 주로 차례에 생선젓 대신 쓴다.

- **제주**(祭酒): 약주나 청주 등의 맑은술을 준비한다. 분량은 신위 수 곱하기 네 잔 정도로 한다.

- **현주**(玄酒): 첫 새벽에 우물에서 떠온 정화수를 병에 담아 놓는다. 술이 있기 전에는 술 대신 정화수로 제례를 올렸다.

- **다**(茶): 대접에 숭늉을 두 그릇 준비한다. 통상의 숭늉이 아니라 맹물에 밥 몇 알을 띄우면 된다.

이러한 제물의 특징을 살펴보면, 제물의 품목은 가정에서 보편적으로 갖출 수 있는 것들로 이루어져 있다. 밤·대추 등의 토산식품과 각종 채소를 이용한 김치나 나물 등이 대표적인 예이다. 포도 육포와 더불어 그 고장의 대량 어획품목인 건어물이 제물로 이용되었다.

이와 같이 보편적인 음식이 제물로 이용되어 온 것은 그것이 고인의 생존 시의 음식이었다는 것과도 관련이 있다. 또, 장·술·젓갈 등의 발효식품과 필수 제물 중의 하나인 떡은 농업의 시작과 함께 개발된 음식으로 그 역사가 깊은 품목들이다.

제수 만드는 방법 몇 가지를 들면 다음과 같다.

- **육탕**: 깨끗이 씻은 양지머리를 냄비에 넣고 물을 10컵 정도 붓는다. 무도 통째로 넣어서 은근한 불에 무가 부드럽게 익을 정도로 1시간 가량 끓인다. 고기와 무를 건지고 국물은 체에 면포를 세 겹 정도 깔고 내려서 기름을 깨끗이 걷어 낸다. 소고기와 무는 사방 3cm 크기에 1cm 두께로 큼직하게 썰어서 다시 냄비에 넣고 육수를 부은 다음 간장으로 간을 맞춘다. 어슷썰기 한 파를 넣고 끓인 다음 탕기에 담아낸다.

- **소탕**: 두부를 1cm 두께로 썰어서 네모지게 잘라 놓는다. 다시마는 마른 헝겊으로 깨끗이 닦아서 냄비에 넣고 물을 부어서 끓이다가 다시마를 건지고 간장으로 간을 맞춘다. 건진 다시마는 사방 3cm 정도로 썰어 놓는다. 다시마 국물에 두부를 넣고 끓으면 어슷썰기 한 파를 넣는다. 다시 국물이 끓으면 다시마를 위에 얹고, 한소끔 끓으면 불에서 내린다.

- **어탕**: 조기(또는 민어)는 비늘을 긁고 내장을 뺀 다음 깨끗이 씻어서 4cm 크기로 토막을 친다. 다시마는 마른 헝겊으로 깨끗이 닦아서 냄비에 넣고 물을 부어 끓인다. 5분 정도

육탕   소탕   어탕

끓으면 다시마는 건지고 간장으로 간을 맞춘 다음 조기를 넣고 끓인다. 10분 후에 어슷 썰기 한 파를 넣는다. 건진 다시마를 사방 3cm 크기로 썰어 냄비에 넣고 한 번 끓어오 르면 불을 끈다. 탕기에 조기와 국물을 담고 위에 다시마를 곁들인다.

- **육적**: 소고기를 1cm 두께로 넓적하게 포를 떠서 잔 칼집을 앞뒤로 내어 고기의 결을 끊어주어 부드럽게 만든다. 손질한 고기를 간장, 설탕, 파, 깨소금, 청주, 참기름 등 갖 은 양념에 한 시간 정도 재웠다가 석쇠에 굽는다.

- **소적**(두부적): 두부를 1cm 두께로 썰어 소금을 약간 뿌려 둔 뒤 프라이팬에 기름을 두 르고 약한 불에 지져 낸다.

- **조기구이**: 조기는 비늘을 긁고 아가미와 내장을 떼어낸 후 깨끗이 씻어 소금을 약간 뿌 려 놓는다. 조기가 꾸들꾸들해지면 불에서 노릇노릇하게 구워 낸다.

육적   소적   어적

- **동태전**: 동태는 비늘을 긁고 머리와 내장을 빼내고 껍질을 벗긴 다음 넓적하게 포를 떠서 소금을 조금 뿌려 놓는다. 생선에 밀가루와 달걀옷을 입힌 뒤 프라이팬에 기름을 두르고 약한 불에서 지져 낸다.

- **삼색나물**(고사리나물, 도라지나물, 시금치나물): 고사리는 불려서 억센 줄기의 껍질을 벗겨 내고 청장 양념장을 넣고 간이 배도록 무친다. 프라이팬에 넣고 볶아 익혀 참기름을 넣 고 고루 버무려 낸다.

  도라지는 가늘게 채로 썰고 소금을 넣고 절인 후 물기를 빼준다. 갖은 양념을 넣고 고 루 무친 후 달궈진 팬에 기름을 두르고 양념이 잘 배이도록 볶아 낸다.

  시금치는 다듬어 씻어 끓는 물에 소금을 넣고 파랗게 데쳐낸 후 찬물에 헹궈 물기 빼주 고 참기름 양념장을 넣고 간이 배도록 조물조물 무친다.

- **녹두편**: 멥쌀은 8~12시간 불려 물기 빼고 소금을 넣고 빻아 고운가루를 낸다. 녹두도

불려서 깨끗이 씻어 거피하여 찜통에 30~40분 쪄 내고 소금을 넣고 체에 내린다. 시루에 시루 밑을 깔고 녹두고물을 뿌린 후 멥쌀가루를 3~4cm 두께로 올린다. 그 위에 다시 녹두고물과 멥쌀가루를 번갈아 켜켜로 안쳐 20분간 쪄 낸다.

제사 상차림

• **윤숙자** ㈜한국전통음식연구소 대표 / 떡 박물관 관장

1988년 서울 88올림픽 급식 전문위원
대한민국 전통식품 명인 심사위원장(농림축산식품부)
대한민국 명장(조리부분) 심사위원
2007년 남북정상회담 만찬총괄
2017년 서울특별시 문화상 공적심사위원장
2017년 한식재단(현 한식진흥원) 4대 이사장
2018년 평창동계올림픽 조직위원회(식·음료 전문위원)

• **권영미** ㈜명가내림음식연구원 원장 / 전통음식 강사

2013년 한국관광음식 박람회 개성음식 문화체육부장관상
2015년 한국관광음식 박람회 북한음식 대통령상
2018년 전통주와 의례음식 경연대회 고임상 부문 농림부장관상

• **김남희** 김남희전통음식연구원 원장

2012년 한국 국제요리경연대회 전통주 전시경연 문화부장관상
2014년 제12회 한국떡한과산업박람회 아름다운 떡한과 만들기 대회 농림축산식품부장관상
2015년 한국음식관광박람회 내 북한음식전시경연 부문 대통령상

• **김해숙** 풍성식당 대표 / 전통음식연구원 고갱이 원장

2012년 한국음식관광박람회 국무총리상
2015년 한국관광음식박람회 대통령상
2018년 전통주와 전통음식 축제 농림축산식품부장관상

나계진 우리음식문화연구개발원 대표

2012년 대한민국국제요리경연대회 궁중음식 부문 국무총리상
2015년 한국관광음식박람회 북한음식 부문 대통령상
2016년 억새산억새꽃축제 요리경연대회 라이브 개인 부문 최우수상

민유홍 민유홍발효연구소 대표 / 1급 전통장류 제조사

2005년 세계음식박람회 별미장 금상
2013년 한국관광음식박람회 향토음식부문 농림부장관상
2015년 한국관광음식박람회 북한음식 대통령상

박은향 한국전통음식연구소 전통주강사 / 떡박물관 교육 강사

2014년 전통주와 전통음식의 만남(전통주 전시경연대회) 금상
2015년 전통주와 전통음식의 만남(전통주전시경연) 농림축산부장관상
2016년 가양주 酒人 선발대회 은상

석희경 유진떡집 대표

2014년 KFTE 한국국제요리경연대회 궁중음식 부문 국무총리상
2015년 KFTE 한국국제요리경연대회 발효·효소 부문 식품안전처장상
2018년 떡한과페스티벌 아름다운 떡·한과 만들기 대회 한과 부문 대상

오인숙 한국전통음식미래연구원 대표

2012년 한국관광음식박람회 전통음식전시 국무총리상
2015년 한국관광음식박람회 북한개성음식전시 대통령상
2018년 한옥마을 전통주와 전통음식만남 일생의례음식전시 농림축산식품부장관상

이 숙 추연당 대표 / 성신여대평생교육원 전통주 강사

2016년 궁중음식전시경연 농림축산식품부장관상 대상
2016년 전주비빔밥 축제 전국 요리경연대회 떡·한과폐백 부문 농림축산식품부장관 대상
2018년 순향주, 백년향 출시

이인숙 (사)대한민국명인협회 한과명인 / 한과 전통음식품질인증

2004년 서울세계음식박람회의례부문 대상
2011년 한국전통떡한과산업박람회 최우수상
2016년 서울시 궁중음식부문 대상

정금미 정금미전통음식연구원 원장

2013년 현재 조선 왕릉제향 제수품 중박계 복원제작
2015년 한국음식관광페스티벌 궁중음식의례 부문 서울시장상
2017년 '전통주와전통음식의 만남' 의례음식 부문 농림축산식품부장관상

최재희 차림새 전통발효음식연구소 대표 / 발효·떡·약선음식 강사

2012년 세계조리사대회WACS 떡 부문 금상
2015년 한국국제요리경연대회 발효·효소음식 부문 식약처장상
2018년 국제요리경연대회 혼례·이바지 서울시장상

참고문헌

〈가정생활과 예절〉, 김득중 외, 교문사, 1998

〈가정생활보감〉, 유덕선, 도서출판 신나라, 1993

〈가정의례대백과〉, 교육도서, 1989

〈가정의례활용교범〉, 서림문화사, 1996

〈개성지역의 혼례음식문화〉, 김천호, 한국식 생활문화학회지, 12(2), 1997

〈경기민속지 I. 개관편〉, 장철수, 경기도 박물관 학술총서, 1998

〈경상도지방의 혼례음식 문화〉, 윤숙경, 한국식 생활문화학회지, 12(2), 1997

〈관혼상제대백과〉, 유덕선, 도서출판 동반인, 1996

〈관혼상제와 일반서식〉, 도서출판 산마음, 1994

〈문헌에 나타난 제수진설에 관한 비교분석〉, 김인옥, 한국전통생활문화학회지, 1(2), 1998

〈민속의 현대적 이해〉, 윤재훈, 세손, 2000

〈민속학이란 무엇인가〉, 김의숙, 이창식, 청문각, 1996

〈민속한국사 1&2〉, 이규태, 현음사, 1991

〈사람의 한평생〉, 정종수, 학고재, 2008

〈사진과 그림으로 보는 올바른 가정의례〉, 조선일보사, 1999

〈사진으로 배우는 관혼상제〉, 권영한, 전원문화사, 1998

〈서울 및 중부지방의 혼례음식 문화〉, 이효지, 한국식생활문화학회지, 12(2), 1997

〈서울 민속대관, 통과의례편〉, 서울특별시, 1993

〈서울의 산속〉, 임동권, 서울특별시사편찬위원회, 1961

〈식생활과 문화〉, 김광호 외 5인, 광문각, 2000

〈식생활문화의 역사〉, 윤서석, 수학사, 2000

〈아름다운 한국음식 100선〉, (사)한국전통음식연구소, 한림출판사, 2007

〈아름다운 혼례음식〉, 윤숙자, 지구문화사, 2013

〈알기쉽게 풀이한 우리의 전통예절〉, 한국문화재보호재단, 계문사, 1999

〈올바른 예절〉, 정태윤, 문경출판사, 1999

〈우리나라 식생활 문화의 역사〉, 윤서석, 신광출판사, 1999

〈우리옷 이야기〉, 이규태, 기린원, 1991

〈우리의 부엌살림〉, 윤숙자 외, 삶과 꿈, 1997

〈우리의 생활예절〉, 전래연구위원회, 성균관, 1992

〈우리의 전통예절〉, 유송옥, 한국문화재보호협회(편), 1991

〈유성의 전통과 문화, 유성구지 제3권〉, 대전광역시 유성구, 1998

〈음양으로 보는 우리음식〉, 정유이, E.JONG, 2016

〈전통 제사상차림의 규범과 강릉지역 제사상차림 관행의 비교 연구〉, 윤덕인, 한국식생활 문화학회지, 12(5), 1997

〈전통혼례의 멋과 의미〉, 김득중, 월간 식생활(10), 1994

〈조선조 궁중풍속연구〉, 김용숙, 일지사, 1987

〈조선후기 반가의 불천위제에 관한 연구〉, 정영주, 성신여자대학교 석사논문, 2001

〈중국사회풍속사〉, 尙東和, 동양문고(일역본), 1969

〈중국조선족의 의식주 생활풍습〉, 박경휘, 집문당, 1994

〈증보 한국민속학개론〉, 박규홍, 형설출판사, 1994

〈지봉유설〉, 이수광, 을유문화사, 1975

〈차례와 제사〉, 이영춘 외, 대원사, 1998

〈통과의례와 우리 음식〉, 조후종·윤숙자, 한림출판사, 2002

〈한국가정생활사〉, 이차숙, 교문사, 1997

〈한국민속대관〉, 고려대학교 민족문화연구소, 1982

〈한국민속문화론〉, 임동권, 집문당, 1989

〈한국민속의 세계(2)〉, 고려대학교 민족문화연구소, 2001

〈한국민속제의와 음양오행-민속제의의 형성이론-〉, 김의숙, 집문당, 1993

〈한국민속학개설〉, 이두현 외, 일조각, 2004

〈한국민속학논고〉, 임동권, 집문당, 1991

〈한국민속학의 이해〉, 민속학회, 문학아카데미, 1994

〈한국민속학의 이해〉, 최인학, 밀알, 1995

〈한국민족문화대 백과사전 23〉, 손인주, 1992

〈한국복식 2천년〉, 국립민속박물관, 신유문화사, 1996

〈한국세계대백과사전〉, 동서문화사, 1995

〈한국식생활사〉, 강인희, 1979

〈한국식생활풍속〉, 강인희, 이경복, 삼영사, 1984

〈한국의 떡·한과·음청류〉, 윤숙자, 지구문화사, 1999

〈한국의례음식상차림에 관한 연구〉, 김영인, 한국식문화학회지, 4(3), 1989

〈한국의 민속〉, 임동권, 세종대왕기념사업회, 1975

〈한국의 전통문화〉, 국립중앙박물관, 1996

〈한국의 통과의례음식〉, 강인희, 한국식 생활문화학회, 11(4), 1996

〈한국의 풍속사 I〉, 김용덕, 밀알출판사, 1994

〈한국의 혼례음식〉, 윤숙자, 지구문화사, 1999

〈한국인의 전통사상〉, 차용준, 전주대학교 출판부, 1998

〈한국전통가정의례〉, 김석진, 학문사, 2000

〈혼례음식규범의 의미와 모형 제시〉, 윤숙경 외, 한국식생활문화학회지, 12(4), 1997

이미지 출처

1부
인생의 시작, 출산·성장

국립고궁박물관
01 덕혜옹주 태지석
02 세종대왕 태지석, 태항아리

국립민속박물관
01 기자암
02 기자도끼
03 아산 화률리 기자장승
04 권중선씨 가옥삼신
05 삼신상
06 대문 금줄
07 사가의 백일상
08 호원당 조자호가의 백일상
09 남아 백일복-누비 저고리
10 남아 백일복-누비 풍차바지
11 전통 돌상

국립중앙박물관
01 평생도-돌잔치

권영한, 사진으로 배우는 관혼상제, 전원문화사, 1998
01 장관자의 상투 트는 모습
02 축사 모습
03 삼가례를 마치고 복두를 쓰는 모습
04 초례

알기 쉽게 풀이한 우리의 전통예절, 문화재보호협회, 1988
01 성년 선서의 서식 예
02 성년 선언의 서식 예

예명원 주최, 창경궁, 1997
01 계례의식 1, 2, 3

윤숙자 선생님 기증
01 현대 백일-최정환 씨 댁 아들 백일 사진
02 최정환 씨 댁 아들 돌 상차림

한국전통음식연구소
01 백설기
02 수수팥경단
03 현대 백일상
04 무지개떡
05 오색송편
06 돌상과 돌잡이상
07 생일 면상차림
08 흰밥
09 미역국
10 갈비찜
11 겨자채
12 전유어
13 화양적
14 나박김치
15 깨엿강정

16 책례 상차림
17 국수장국
18 각색경단
19 오색송편
20 편떡
21 관례 상차림
22 전통주
23 밤초
24 대추초
25 육포
26 계례 상차림

2부
인생의 기쁨, 혼례·수연례

가정 의례대백과, 교육도서, 1989
01 수연상

개성시민회 손정자 선생님 기증
01 1940년대 개성 혼례 2

국립민속박물관
01 사주단자 싸기
02 혼서지
03 1951년 결혼사진
04 근대 결혼사진 1, 2
05 사대부가의 회갑연
06 회혼례 1, 2

국립중앙박물관
01 평생도-회갑
02 평생도-회혼례

권영한, 사진으로 배우는 관혼상제, 전원문화사, 1998
01 수연례의 큰상 음식 배치도

김정자 선생님 기증
01 1940년대 개성 혼례 1

사진과 그림으로 보는 올바른 가정의례,
조선일보, 2000
01 폐백
02 근봉띠 두른 함

우리의 생활예절, 성균관 전례연구위원회, 1994
01 수연례 연회장 배치도

윤숙자, 아름다운 혼례음식, 지구문화, 2013
01 사주 쓰는 법
02 납채문 쓰는 법
03 연길·연길서
04 혼서지 서식 및 봉투

찾아보기

한국인의 일생의례와 의례음식

1판 1쇄 발행 2019년 4월
1판 2쇄 발행 2019년 9월

기획   (사)한국전통음식연구소
글쓴이   윤숙자 외 의례음식 숙수 12인
펴낸이   임상백
편집   박소연, 함민지
디자인   김지은
제작   이호철
마케팅   이명천, 장재혁, 윤재영
경영지원   남재연

펴낸곳   한림출판사
주소   서울 종로구 종로12길 15
등록   1963년 1월 18일 제 300-1963-1호
전화   02-735-7551~4   전송   02-730-5149
전자우편   hollym@hollym.co.kr   홈페이지   www.hollym.co.kr

ISBN 978-89-7094-256-8 93380